Klaus Renn

Dein Körper sagt dir, wer du werden kannst

Das Buch

Wer bin ich wirklich? Was macht mich aus? Wo finde ich in mir selbst Halt und festen Boden? Das sind Fragen, auf die es in unserer Zeit mit ihrer Vielzahl möglicher Lebensentwürfe keine vorgegebenen Antworten mehr gibt. Das zunehmende Verschwinden von Verbindlichkeiten schafft die Freiheit, den ganz eigenen Weg zu gehen. Dazu braucht es eine sichere Beziehung zu sich selbst und eine gut entwickelte Intuition für das, was innerlich ansteht.

Focusing ist Philosophie und Praxis zugleich, eine psychotherapeutische Methode und ein Weg der Selbsthilfe. Es bietet die Möglichkeit, sich auf eine Entdeckungsreise zu begeben: hin zu dem, was man braucht und was gut tut, zu verschütt gegangenen inneren Impulsen und mehr Lebendigkeit. Die Übungen dieses Buches regen dazu an, Zeit mit sich selbst zu verbringen und so das Gespür für das zu schärfen, was im eigenen Leben stimmig und echt ist. Innere Achtsamkeit entwickeln: das ist ein Weg hin zu einem liebevolleren Umgang mit sich selbst, aber vielfach auch ein Abenteuer, das unsere Entscheidungen verändert und unsere Kreativität unterstützt, aber auch dabei hilft, spirituelle Dimensionen zu erkunden. In der körperlich gespürten Beziehung zu uns selbst liegt der Schlüssel zu einem inneren Dialog, der weiterbringt. Denn der beste Experte, die beste Expertin für das eigene Leben sind wir selbst.

Der Autor

Klaus Renn, approbierter Psychotherapeut, Seminarleiter, Coach, Supervisor, verfügt über langjährige Erfahrung im Bereich der Achtsamkeitsarbeit. Zusammen mit Dr. Johannes Wiltschko leitet er das Deutsche Ausbildungsinstitut für Focusing und Focusing-Therapie und ist Koordinator im Focusing-Institute New York.

Eine Hörbuchausgabe des vorliegenden Buches sowie weitere Hörbücher zum Thema „Focusing“ können bestellt werden bei www.secret-friend.de.

Klaus Renn

Dein Körper sagt dir, wer du werden kannst

Focusing – Weg der inneren Achtsamkeit

HERDER

FREIBURG · BASEL · WIEN

HERDER spektrum Band 5616

MIX
Papier aus verantwortungsvollen Quellen
FSC® C083411

Originalausgabe

8. Auflage 2013

www.herder.de
Umschlaggestaltung und -konzeption:
R·M·E München / Roland Eschlbeck, Liana Tuchel
Umschlagmotiv: © Corbis
Satz: Rudolf Kempf, Emmendingen
Herstellung: CPI – Clausen & Bosse, Leck
Printed in Germany
ISBN 978-3-451-05616-1

Inhalt

Gebrauchsanweisung für dieses Buch

Niemand kann Ihnen wirklich sagen, wie Ihr Leben besser, stimmiger oder großartiger werden könnte. Der Experte, die Expertin für Ihr Leben sind in erster Linie Sie selbst.

Dieses Buch geht davon aus, dass das körperliche (Er-)Leben im jeweils gegenwärtigen Moment schon den nächsten Schritt beinhaltet. Ist dieser erst einmal gefunden, führt er zu neuen Vorstellungen, lebendigen Gefühlen und frischer Energie.

Beim Lesen können Sie eine klarere Wahrnehmung von sich selbst und Ihrer gegenwärtigen Lebenssituation gewinnen und sich selbst zu neuen Entscheidungen herausfordern. Meine Absicht ist, Sie in achtsamer und sanfter Weise in eine Beziehung zu sich selbst einzuführen, die innere Wandlung ermöglicht.

Sie können immer mehr entdecken, was Sie alltäglich brauchen und was Ihnen gut tut, damit Ihre inneren Impulse und Ihre Lebendigkeit zum Tragen kommen. Diese inneren Entdeckungen werden Sie nicht nur zu genussvollerem Essen und spannenderer Freizeitgestaltung führen, sondern Ihnen Bedürfnisse zeigen, von denen Sie nicht einmal gewusst haben, dass Sie sie haben.

Folgen Sie der Einladung des Buches, sich immer öfter von innen wahrzunehmen. Verbringen Sie Zeit mit sich und hören Sie sich selbst zu und bleiben Sie einfach bei sich. Wenn Sie das tun, können Sie mit einer gewissen subversiven Wirkung rechnen. Denn dieser innere Prozess tritt im Wesentlichen ein für ein Leben ohne starre Konventionen und für die Rückkehr zum Stimmigen und Prozesshaften Ihrer Person. Das kann tiefgreifende Auswirkungen auf Ihr eigenes Leben und auf die Menschen in Ihrem (auch beruflichen) Umfeld haben.

Sie werden in diesem inneren Prozess immer mehr Ihre eigenen Bedürfnisse entdecken, immer mehr Ihr Gespür für das Stimmige und Echte in Ihrem Leben schärfen. Sie werden sich selbst mehr und mehr verstehen und liebevoll annehmen. Möglicherweise werden Sie auf diesem Weg für andere etwas unbequem. Aber die Orientierung hin zur eigenen körperlich erlebten Stimmigkeit ist nicht unbedingt gleichbedeutend mit Vergnügen. Spätestens jetzt sollten Sie es sich noch einmal genau überlegen, ob Sie sich auf dieses Buch einlassen wollen!

Focusing

Sie werden von mir in Theorie und Praxis des Veränderungswissens von Focusing eingeführt. Dazu brauchen Sie keine Vorkenntnisse, nur den Wunsch, Ihre eigene Welt zu erforschen und vielleicht zu verändern.

Focusing wurde von Prof. Eugene Gendlin, in erster Linie Philosoph, außerdem auch Psychologe und Psychotherapeut (1926 in Wien geboren), an der Universität Chicago entwickelt. Sein philosophisches wie therapeutisches Arbeiten entstammt seiner Faszination für ein Sich-Einlassen auf das, was schon gespürt, aber noch nicht gewusst wird; dem, was über die Sprache, über Konzepte und Methoden hinausgeht. Veränderungsschritte sind bei ihm Denk- und Heilungsschritte zugleich.

Heute ist Focusing ein Vehikel des Denkens und des Philosophierens, eine Möglichkeit der Selbsthilfe und eine Methode der Psychotherapie und Beratung, ein Werkzeug für Kreativität und Entscheidungsfindung und ein Weg, um spirituelle Dimensionen zu erkunden.

Im Focusing verlieren Ihre Ihnen bisher bekannten Identitäten ihre illusionäre Mächtigkeit zugunsten der Erfahrung, lebendig mit sich selbst und der Umwelt verbunden zu sein. Focusing verdeutlicht, wie ich mich selbst wahrnehme. Die innere Achtsamkeit, das abenteuerliche Sich-selbst-Begegnen, erschließt den inneren Erlebensraum mit seinen impliziten (noch eingefalteten) vielfältigen Facetten von Bedeutungsangeboten. Focusing ist ein Weg des körperlichen Zugangfindens zu sich selbst. Gleichzeitig öffnet sich im „Mich-selbst-Annehmen“ die Erfahrung einer existentiellen Lebenstiefe.

Sie sind selbst-verantwortlich

Mein Anliegen wird sein, Sie immer wieder zu dem spürenden Bei-sich-selber-Sein zu führen und Sie anzuregen, Ihrem eigenen Erleben zu folgen. In gewisser Weise möchte ich Sie befähigen, Ihre eigene Therapeutin, Ihr eigener Therapeut zu sein. Vielleicht ist die Bezugnahme auf Therapie zu krankheitsorientiert, was ich auf jeden Fall vermeiden möchte. Besser formuliert ist mein Wunsch, Sie zur eigenen Begleiterin, zum eigenen Begleiter Ihrer inneren Erfahrung werden zu lassen.

Mein Beitrag dazu ist, Ihnen eine Art Werkzeugkoffer, bestehend aus vielen kleinen Konzepten, Landkarten und Übungsanleitungen, zu geben. Vielleicht taugt das eine oder andere, Sie in Ihrer freundschaftlichen und annehmenden Beziehung zu sich selbst zu unterstützen.

Dieses Buch ist experimentell geschrieben. Was dabei für Sie herauskommt, ist daher nicht vorhersagbar. Sie sind für Ihre Ergebnisse, für das, was Sie dabei finden und für sich umsetzen, selbst verantwortlich. Der Autor ist für Wirkungen und Nebenwirkungen des Buches nicht haftbar.

Liebe Leserin, lieber Leser …

… wer Sie auch immer sind und was Sie gerade auch immer denken und empfinden, mit diesem Buch können Sie eine Reise zum „Sich selbst“ unternehmen.

Zu Beginn des Buches sind Sie eingeladen, einen kleinen Spaziergang durch die Postmoderne, unser gegenwärtiges Lebensgefühl, zu unternehmen. Die Reise beginnt dann so richtig mit einer Einführung in bestimmte, erfahrbare Aspekte des Körpers, führt zu besonderen Erscheinungen der Wahrnehmung, der Inneren Achtsamkeit, öffnet Ihnen das innere Wissen der körperlichen Intelligenz und zeigt Ihnen dabei das Handwerkszeug des Focusing. Falls Ihnen danach ist, können Sie eigene Themen und Probleme bearbeiten. Die Reise endet mit Wegbeschreibungen, die Sie zum „Grundlosen“ führen. Sie haben Gelegenheit, sich genau darin zu gründen.

Meine Absicht ist, einen Raum aufzuspannen, in dem Sie ungestört Ihre Erfahrungen machen können. Mir liegt nicht daran, Sie zu belehren, wie das Leben richtig geht, oder Ihnen wunderbare Rezepte à la „wenn (Sie es richtig machen) – dann (werden Sie glücklich)“ anzubieten. Aus meiner Sicht lässt sich Leben in seiner Vielfalt nicht in richtige Formen und gegebene Ordnungen fassen. Auch werde ich für Sie eher weniger Noch-mehr-Wissen und Information für Ihre Bildung und Gelehrsamkeit zur Verfügung haben.

In der (körperlich gespürten) Beziehung zu sich selbst liegt der Focus meiner Ausführungen. Ich wünsche Ihnen, dass Sie dabei auch kognitiv Spaß haben und Neues erfahren.

Mit wem Sie es zu tun haben

Meine Frage richtet sich immer wieder an die Sehnsucht – nach dem, was in mir und anderen leben möchte, welche Träume, Visionen und Lebenswünsche unentdeckt wirken. Vielleicht teilen Sie meine Faszination, dem auf die Spur zu kommen, was noch nicht spürbar und klar, aber schon etwas erahnbar ist. Sind Sie vielleicht ebenfalls angezogen von der Vielfalt des Spielens innerer und äußerer Wirklichkeiten zwischen Sinn und Verrücktheit? Staunen Sie vielleicht auch über die wunderlichen Lebewesen in den Tiefen der Meere, die in ewiger Dunkelheit von alleine leuchten und für uns unvorstellbar und von Menschen vollkommen unbeobachtet ihren weiten Lebensraum aufspannen?

Im alltäglichen Leben bin ich, gemeinsam mit Dr. Johannes Wiltschko, Leiter des „Ausbildungsinstitutes für Focusing und Focusing-Therapie (DAF)“. Hauptsächlich leite ich Focusingseminare für Selbsthilfe, Beratung und Psychotherapie. In meiner Praxis arbeite ich als Psychotherapeut, Supervisor und Coach. Ich teile mir mit meiner Frau die Familienanwesenheit, Familienarbeit und die Tätigkeit in der Praxis zu ziemlich gleichen Teilen.

Das Schreiben dieses Buches hat mir insgesamt viel Spaß gemacht. Mich durch geschriebenen Text auszudrücken, ohne Mimik, Augenzwinkern, Lachen, Gestik, ohne meinen Körper, nur durch Buchstabentippen, fühlt sich für mich als Seminarleiter deutlich eingeschränkt an. Diese Situation (in der ich mich mit Ihnen gerade befinde) ist im Vergleich zum Seminarhalten schrecklich unvollständig. Fehlt mir doch gänzlich der Kontakt zu Ihnen. Ich buchstable quasi ins Ungewisse bzw. zu imaginierten Personen. Hier ist niemand, der/die nickt, gelangweilt schaut, etwas sagt, keine Atmosphäre ist im Raum, die das, was ich erzähle, in irgendeiner Form trägt. Diese Erfahrung ist für mich neu und spannend zugleich.

Kapitel 1
Spaziergang durch die Postmoderne

Postmodern wird die Epoche genannt, in der Sie und ich gegenwärtig unser Leben gestalten. Die Postmoderne folgt zeitlich nicht der Moderne nach, sondern meint eine veränderte Einstellung, eine andere Geisteshaltung. Die Postmoderne ist in der Moderne schon eingeschlossen, nur verborgen. Gegenwärtig dringen diese Konzepte immer mehr in unsere Köpfe und Herzen, ohne die ein Begreifen unserer Welt, wie sie sich uns darstellt, nicht mehr möglich scheint. Unser Universum ist pluralistisch geworden. In jedem Lebensbereich finden Sie eine Vielzahl von Entwürfen und Konzepten, die sich gegenseitig widersprechen, sich ergänzen, bestätigen oder gänzlich ausschließen. Es gibt keine übergeordneten Kriterien für richtig und falsch. Moral und Werte werden zur Verhandlungssache, die Vielfalt von Lebensstilen hat die Potenz, Sie zu befreien und gibt Freiheit ohne Ende, nicht mehr nach den Leitlinien der Alten zu leben.

Wahrscheinlich wollen und können Sie den großen Institutionen ebenfalls nicht Ihren ganzen Glauben schenken, weder der Schulmedizin als alleiniger Macht noch den Kirchen noch der Wissenschaft. Auch wenn Sie diesen „Mächten" weiterhin einen bestimmten Rang zugestehen, so vertrauen Sie Ihnen wahrscheinlich nicht mehr vorbehaltlos und beugen Ihre Knie nicht mehr vor ihnen.

Sprachformen und Stile können beliebig miteinander verknüpft werden, ohne dass dafür Regeln bestehen. Dadurch verschwinden Vorstellungen dessen, was als normal gilt. So nimmt sich die Werbung heraus, Deutsch, Englisch, Französisch zu durchmischen, Ausdrücke und Sprüche beliebiger Gruppenjargons aufzunehmen und die Regeln der Grammatik sowie der Orthographie zu missachten. In Kunst und Architektur können Sie sich den postmodernen Stil von außen anschauen.

Hautnah beobachten Sie diesen Lebensstil in Ihrem eigenen und dem Lebensstil Ihrer Freunde: Immer mehr Menschen leben allein oder in „Sukzessivehen“ bzw. so genannten Patchworkfamilien. Wer auf ein absolutes Richtig oder Falsch angewiesen ist, dürfte sich in unserem Jahrtausend geirrt haben.

„Leben in Fülle“, das haben wir zu Genüge. Vielleicht ist es die spannendste Zeit überhaupt, in der wir leben (für uns Lebende ist sie das ohnehin): Vertreter von Religionen reden gleichberechtigt miteinander. Die Wissenschaft wird „ganzheitlicher“. Die europäischen Staaten bemühen sich, die verschiedenen Kulturen gleichberechtigter werden zu lassen. Die Kirchen können keine Menschen mehr verbrennen und haben nur noch relative Macht über die Menschen, die sich freiwillig in ihre Räume begeben. Lang bewahrte Geheimnisse der Menschheit stehen jedem offen; schamanistische, indianische, afrikanische, taoistische, buddhistische, christliche Weisheitslehren und Praktiken sind in Buchform gebracht für jeden käuflich zu erwerben. Verfügen Sie über das nötige Kleingeld, so sind Sie in der Lage, sich von der Schulmedizin unabhängig zu machen und alle möglichen Heilungswege für sich in Anspruch zu nehmen.

Wir sind endlich so frei, wie wir noch nie frei waren. Wenn Sie einen kleinen Blick in die Geschichte, vielleicht auch Ihre eigene, werfen, können Sie diese Freiheit finden und sich zu eigen machen: „Sie sind frei.“ Es ist ein Freisein ohne implizites wofür, oder für was. Einfach „nur“ frei sein und damit eigenverantwortlich.

Unsere Zeit kann geradezu Spaß machen, wenn Sie sich erst daran gewöhnt haben, dass ein Heiligenbildchen nach dem anderen und ein Moral- und Glaubenssatz nach dem andern vom damit schier zugeklebten Himmel fallen – und der Himmel sich dabei öffnet und eine unendliche Weite sichtbar wird. Gleichzeitig können Sie unsere Erde von der mittelalterlichen Weltbild-Scheibe zur Planeten-Kugel mutieren lassen. Dieser Prozess ist wahrscheinlich auch bei Ihnen noch nicht völlig abgeschlossen – das bemerken Sie daran, dass Sie höchstwahrscheinlich noch vom Sonnenuntergang sprechen und nicht nachkoperianisch von der wunderbaren Erdabdrehung schwärmen, obwohl Sie wissen, die Erde dreht sich und nicht die Sonne wandert über eine Scheibe. Die alten, eingelebten und eingefühlten Konzepte bestimmen unsere Wahrnehmung und kreieren unser gefühltes und selbst-verständliches Weltbild. Wir sind noch lange nicht dort, wo wir wissen, dass wir eigentlich sind. Wir alle, Sie und ich, werden immer wieder der Illusion einer alten und neuen objektiven Wahrheit und Sicherheit auf den Leim gehen, wenn auch der Philosoph und Religionspsychologe William James so schön sagt: „Objektive Evidenz und Gewissheit sind sicherlich sehr schöne Ideale, mit denen es sich spielen lässt; aber wo sind sie zu finden auf diesem mondbeschienenen, von Träumen heimgesuchten Planeten?"

Alles Bilder

Religiöse Sinndeutungen drücken sich in Bildern aus. Die Glaubenslehre, die Dogmen, die Wahrheiten, ob christlicher, keltischer oder buddhistischer Lehrer, sind Bilder und Landkarten, das Tiefe, das ganz Andere zu beschreiben. Je nachdem, wie weit Sie gegangen sind, haben Sie noch einen alten männlichen Gott mit Bart; Sie haben vielleicht esoterische Glaubenswahrheiten, vielleicht aber auch *nichts* mehr in den Händen, bis hin zu keinerlei Sinnorientierung. Dieser Vorgang des Zerfallens, das Erkennen, dass das alles so nicht stimmt, ist eigentlich eine Fortsetzung unserer kindlichen Erfahrung, als wir bemerkten, es gibt keinen Weihnachtsmann, es gibt kein Christkind, das ganz persönliche Geschenke bringt. Die Welt kann damit spannungsloser und leerer werden. Blicken Sie in Ihre Lebensentwicklung zurück, werden Sie bemerken können, wie weit Sie bereits aus alten Geborgenheiten, bewährten Wurzeln und Sicherheiten gefallen sind. Sie sind irgendwie gleichermaßen entkommen und vertrieben worden aus dem unmündigen und zugleich geborgenen und gläubigen Kinderreich.

Im alten Kinderglauben lebt Spannung, Hoffnung, Trost, Tiefe, Begeisterung, Vertrauen, Lebensorientierung und Menschlichkeit. Im Das-habe-ich-Dir-zu-Weihnachten-gekauft schwingt eine ganz andere Atmosphäre. Postmoderner Rationalismus und Konsum sind kein Ersatz für die Tiefe eines kindlichen und hingebungsvollen Glaubens. Irgendwie sollte es doch gehen können: Glauben, Vertrauen haben und zugleich frei bleiben. Hingebungsvoll leben und doch die Weite der Postmoderne auskosten können. Persönliche Orientierung und Sinn finden in einer Welt der Beliebigkeit. Vielleicht besteht unsere größte innere Herausforderung in der gegenwärtigen Zeit darin, erfüllt, sinnvoll und auch in einer Liebe über sich selbst hinaus zu leben. Und eben nicht (nur) nach mehr Gewinn zu streben. Nach Unbekümmertheit und Vertrautheit mit dem Leben, dahin geht wohl unser aller Sehnsucht. Gläubig und ungläubig zugleich, oder ungläubig von Herzen glauben können, wie die alten Mystiker, so ähnlich könnten sich von uns postmodernen Menschen vielleicht die tiefsten Wünsche anhören.

Die **Wiederverzauberung** beginnt, indem Sie bemerken: die alten heiligen Geschichten stimmen so nicht. Mit dieser Freiheit gelesen, können diese alten Texte Erfahrungen transportieren, die in einer anderen Sprache etwas durchschimmern lassen, das auf Unbekanntes, auf ganz Anderes hindeutet; etwas, das wir alle irgendwie kennen und doch nicht wirklich kennen und das den Anschein des Wesentlichen hat. Dann werden die alten Bilder wieder spannend, aussagekräftig und lebendig. Sie werden erkennen: Nehmen Sie Beziehung zu einzelnen Bildern und Glaubenssätzen auf, so verschaffen Sie sich Zugang zu dem Darüber-Hinaus. Sie finden neue Wege zu alten Erfahrungen. Der bereits zitierte William James beschreibt dies mit den Worten: „Es ist, als täten wir unsere stolze Geistesreife ab und würden wieder in den Augen der Vernunft törichte kleine Kinder. Aber, so schwer auch eine solche Umwälzung ist, ich glaube, es gibt keinen anderen Weg, die wahre Gestalt der Wirklichkeit zu erfassen."

Homebanking

Vor nicht allzu langer Zeit sprachen die Angestellten in den Banken und Sparkassen mit uns, gaben uns Geld, nahmen Einzahlungen entgegen, füllten Überweisungsformulare aus – heute machen wir das alles selbst. Wir sind unser eigener Bankservice. Auch sonst werden wir ununterbrochen dazu erzogen, unser eigener Berater, Verkäufer oder Möbelbauer (Ikea hat es hier bis zur Genialität gebracht) zu werden. Wir sind selbständig! Müssen es sein! Wie Ihnen im Supermarkt niemand den Einkaufswagen füllt, so sind Sie auch allein verantwortlich dafür, wie Sie Ihr Leben gestalten: für Ihre Arbeit, Ihre Freizeit, Ihre Beziehungen, Ihre Sexualität ... Ob Sie sich mit Junk-Food abfüllen oder mit Vollwertkost – es ist Ihre Entscheidung. Dasselbe gilt auch für das Sinn-, Religions-, Glaubens-, Wissenschafts-, Esoterik- und Philosophie-Geschäft. Wir sind selbständig, ob wir wollen oder nicht. Welche Wahrheit wir wahrhaben wollen, das suchen wir für unseren „Lebens-Einkaufswagen" selbst aus. Es gibt keinen Grund, ein All-inclusive-Paket bei nur einer Lebens- und Sinndeutungsmarke zu nehmen. So wie Sie auch in einer typischen Kartoffelgegend thailändischen Reis und italienische Nudeln bekommen, brauchen Sie auch im höchstgelegenen oberbayrischen Dorf nicht mehr zwangsläufig eine bestimmte Partei zu wählen. Sie sind frei auszuwählen, was zu Ihnen passt, können sich mit Fertiggerichten sättigen oder sich selbst zum Gourmetkoch entwickeln.

It's up to you! – Es ist Ihre Sache!

Bilder- und Glaubenssturz

Um diesen Bilder- und Glaubenssturz unbeschadet zu überstehen, brauchen Sie eine sichere und freundliche Beziehung zu sich selbst, ein gewisses Maß an Autonomie und einige Freunde, mit denen Sie ehrlich sprechen und lachen können. Ansonsten wird es Sie einige Mühe kosten, sich in diesem Jahrtausend einzurichten und die Konzepte und Erlebenswelten, die für Sie bereitstehen, in Freiheit und zu Ihrem Besten zu nutzen.

Vielleicht gehört zu diesem inneren Paradigmenwechsel, dass Sie eine Weile (meist mehrere Jahre) in die Verzauberung der Leere und des Nichts verfallen, auf den Moment der Erleuchtung warten und sich dabei mit Ihrer inneren Einsamkeit anfreunden.

Andere Menschen wiederum bleiben in der alten kirchlich/wissenschaftlichen Weltbildscheibe auf festem Boden, da ihnen die planetarische Vorstellung, im Grundlosen gegründet zu sein, nur entsetzlichen Schwindel und Kopfschmerz bereitet.

Wieder andere verdauen das Grauen, das ihnen ein leerer und offener Himmel bereitet, die relativistische Moral- und Kulturorientierung, die Vielfalt der Möglichkeiten, mit der bitteren Medizin des Zynismus und des Intellektualismus.

Etliche, die in alten Weltbildern hängen geblieben sind, geben sich nach außen, meist in Diskussionen, einen postmodernen Anstrich, im gelebten und praktizierten Leben frönen sie jedoch ihrem bärtigen Kinderzimmer-Gott und ihrem Glauben an die Allmacht der Wissenschaft.

Möglicherweise sind Ihnen diese Reaktionen auf die Moderne auch nicht ganz fremd und sicher haben Sie mit diesem gegenwärtigen Lebensgefühl Ihren ganz eigenen Umgang.

So mag es noch viele andere gleichwertig nebeneinander bestehende Lebensentwürfe und Lösungsversuche geben, wobei ich und Sie wohl etwas von allen haben.

Gegenwärtig gibt es keine allgemeingültigen und verbindlichen Instanzen oder letzten Gründe, die Sie nötigen könnten, diese oder jene „Wahrheit" zu akzeptieren. Diese Weltsicht dringt, ob Sie wollen oder nicht, unaufhörlich in Ihren denkenden Verstand und Ihr fühlendes Herz ein.

Es mag für Sie viele Gründe geben, so zu leben und zu sein, wie Sie es gerade tun – und es mag ebenso viele Gründe geben, sich zu verändern.

Vertraut wird Ihnen auch das Gefühl der Überraschung und Befreiung sein, wenn Sie bemerken: „Ich kann auch ganz anders sein!"

Die plurale Welt spiegelt sich in unserer Art, in der Welt zu sein, wider. „Heute", sagt Paul Valéry, „existieren in allen kultivierten Köpfen die verschiedensten Ideen und die gegensätzlichsten Lebens- und Erkenntnisprinzipien frei nebeneinander und die Mehrzahl unter uns wird über denselben Gegenstand mehrere Ansichten haben, die einander in den Urteilen ohne weiteres abwechseln.“ So können Sie den Eucharistie feiernden katholischen Priester finden, der gleichzeitig Zen-Meister ist und buddhistische Gelübde rezitiert. Oder den hochkarätigen Wissenschafter, der keltische Rituale vollzieht und sich mit Hilfe der Astrologie durch das Leben navigiert. Dasselbe gilt für Lebens- und Partnerschaftsformen. Hier ist der betonharte Unterschied zwischen „normal“ und „unnormal“, „erlaubt“ und „unerlaubt“ schon lange aufgeweicht.

Die althergebrachten Werte und Regeln verlieren ihre ordnende Bedeutung. In diesem Umbruch entsteht Ungewissheit, Unbezogenheit (vielleicht: Isolation) und Einsamkeit. Situationsbezogene und freiwillige Verbindlichkeiten ersetzen immer mehr die durch Zwang und Erpressung geschaffenen Letztverbindlichkeiten in Beziehungen. Unsere emotionale Intelligenz und Beziehungsfähigkeit wird einmal mehr grundlegend für unser Überleben. In dieser Pluralität haben Sie mehr Handlungs- und Lebenskompetenz, wenn Sie auf die Vielfalt eingehen und geschickt mit ihr umgehen können.

Was brauchen Sie persönlich, um dieses Leben in seiner Freiheit und Fülle fassen zu können?

Meine Antwort auf die Postmoderne

Wie mit dieser ebenso kompliziert-vertrackten wie befreienden „Postmoderne“ umgehen? Ich versuche das so:

- Ich arbeite immer wieder daran, mich in mir selbst zu beheimaten, im eigenen Körper-Zuhause anzukommen, es als lebenslangen Begleiter anzunehmen, meinen Körper als Mittelpunkt des eigenen Kosmos zu begreifen. Von hier spüre, fühle, schaue, höre, denke ich in die Welt hinein und hinaus. Und dabei entdecke ich immer wieder neu die körperliche Intelligenz und Weisheit, die Orientierung gibt und dabei hilft, das Leben sicher und genau zu gestalten.

- Ich arbeite an meiner Fähigkeit, mich selbst in verschiedenen (inneren und äußeren) Identitäten wahrzunehmen (freundlich-gewährend, neugierig, ...) und meine unterschiedlichen inneren Impulse (als Teilpersonen kreierbar) miteinander zu verbinden. Dabei hilft mir die Frage: Wer oder was in mir spricht gerade, fühlt gerade, will gerade?

- Ich baue mir mein eigenes soziales „Dorf", auch über große Entfernungen hinweg, nehme Verbindung mit anderen „Bezugsgruppen" auf. Alle spiegeln mich wider: die Freunde, Kollegen, die Familie ... sie gehören zum eigenen Leben dazu. Ein Bild dafür: ein Organismus – viele Ganzheiten, wie eine Vogelschwarmformation. Auch wenn das etwas pathetisch klingt: Das ist Mitgefühl, Liebe über mich selbst hinaus, ein Heimischwerden in/mit anderen Menschen und auf diesem Planeten. Immerzu geht das mit dem Mitgefühl nicht. Mein „Herzschließmuskel" muss sich öffnen, aber auch schließen können.

- Und schließlich versuche ich, mich mehr und mehr im Grundlosen zu gründen. Das kann mit „Gott" verstanden werden – als Lebensfluss, als Verbindung zum Universum, als ein Bei-sich-selbst-Ankommen, als Beziehung zum Großen Unaussprechlichen.

TEIL I

Kapitel 2
Die Reise beginnt: Der Körper als (Er-)Lebensort

Der Körper „rechnet sich raus“

Während Sie lesen, kann es gut sein, dass Sie Ihren Körper nicht bemerken. Ihre Aufmerksamkeit ist beschäftigt und Ihre Körperwahrnehmung tritt in den Hintergrund Ihres Erfahrungsraumes. Der Körper ist vergessen – nicht bewusst wahrnehmbar. Obwohl der Körper andauernd da ist, bemerken Sie ihn nicht. Oder nehmen Sie etwa wahr, wie Ihre Wahrnehmung durch den Lidschlag der Augen permanent unterbrochen wird? Würden Sie gerade Ihren Herzschlag spüren/hören, so *würden* Sie sich sicherlich Sorgen machen. Der Körper „rechnet“ die eigene Wahrnehmung „heraus“, als ob er gar nicht vorhanden wäre. Wie in einem modernen PKW kein Fahrgeräusch vorhanden ist, kein Motorenkrach, kein Klappern, kein Windgeräusch … Es ist vielmehr ein sachtes Dahinschweben, als wenn gar keine Maschinen im Auto arbeiteten. So ähnlich „funktioniert“ unser Körper: Er ist da, wir leben mit ihm, aber er ist nicht Teil unserer Erfahrung. Das „normale“ Wahrnehmen unseres Körpers ist ruhig, ist nicht vorhanden, Sie können sich ungestört mit den Dingen der Welt oder mit Ihren Gedanken beschäftigen. Diese alltägliche Nichtwahrnehmbarkeit unseres Körpers gehört zu seinen wesentlichen Eigenschaften. Nur bei Schmerzen oder anderen Kundgebungen des Unwohlseins müssen wir uns unseres Körpers bewusst werden, daher bemerken viele Menschen ihren Körper nur, wenn dieser Alarm schlägt. Die Frage „Wie fühlt sich Ihr Körper gerade an?" wird dann (in guten Zeiten) von solchen Menschen beantwortet mit: „Es ist alles okay, mir tut nichts weh."

Die Analogie mit dem Computer mag dies illustrieren: Während ich hier sitze und den Text schreibe, habe ich den Bildschirm vor Augen, hier sehe ich die Ereignisse, die ich als meinen Computer wahrnehme. Was wirklich arbeitet, ist jedoch der Kasten am Boden mit Millionen von Nullern und Einsern, die in diesem Kasten irgendetwas veranstalten. Meine Wahrnehmung der Vorgänge auf dem Bildschirm wird in der Computersprache die „Benutzerillusion" genannt. Die Benutzerillusion ist die Vorstellung, die der Benutzer von der Maschine hat. Klicke ich mit der Maustaste, so geschieht etwas, was mit meiner Wahrnehmung nichts zu tun hat. Je besser diese Benutzerillusion ist, desto handhabbarer wird der Computer.

Vielleicht möchten Sie Ihren Körper einmal unter dieser Perspektive wahrnehmen und Ihr biologisch-medizinisches Wissen zusammennehmen: Jetzt, in diesem Augenblick, geschieht Erstaunliches in Ihnen: Millionen von Impulse ereignen sich in Ihrem Gehirn, im Nervensystem und den Organen, in von Menschen noch nicht erforschten Regelkreisen. Gleichzeitig können Sie, um die Computer-Metapher zu übertragen, Ihre Körper-Benutzerillusion wahrnehmen: Gefühle, Körperempfindungen, Wohlsein, Gedanken, innere Vorstellungen und Bilder, Stimmungen, ...

In der Meditation und anderen Formen der Achtsamkeitsarbeit können Sie entdecken, wie es ist, sich spürend wahrzunehmen. Dabei lernen und üben Sie, sich „in" Ihren Körper einzulassen. Das meint: Während Sie denken, etwas tun, innerlich spüren, mit jemanden reden, arbeiten, ..., halten Sie mehr und mehr die Verbindung zu dem Bewusstsein (zur Selbstwahrnehmung), körperlich anwesend zu sein. Um in der Computeranalogie zu bleiben: Sie halten die Verbindung zur Hardware, zu dem Kasten, der die eigentliche Arbeit macht und werden immer mehr Computerspezialist(in). Diese Art Sich-selbst-Spüren, Seiner-selbst-gewahr-Sein, während Sie was auch immer tun, eröffnet neue und tiefere Zugänge zu sich selbst, zu anderen, zur Natur. Dabei werden Sie zunehmend die Erfahrung machen, Sie selbst zu sein, da zu sein, wo Sie sind. Und Spezialist(in) zu sein für die Situation, in der Sie sich gerade befinden.

Ein kleines Hardware-Augenexperiment: Ihr Blick ist gerade auf die Seite dieses Buchs gerichtet. Heben Sie auch mal die Augen und schauen dabei um sich – dabei können Sie ausprobieren, sich körperlich und insbesondere Ihre Augen zu spüren, indem Sie Ihre Aufmerksamkeit in Ihre körperlichen Augen geben und währenddessen hinaus in die Welt schauen zu dem, was Sie sehen. Lassen Sie sich etwas Zeit, es dauert eine kleine Weile, Ihre Aufmerksamkeit vom Gesehenen in die Augen zu bringen … Dann sehen Sie hinaus und nehmen sich gleichzeitig als Sehende/n wahr. Oder Sie spüren die Oberfläche des Buches in Ihrer Hand und gleichzeitig werden Sie Ihrer Finger gewahr, die spürend sind. Auf der einen Seite haben Sie Ihre körperliche Wahrnehmung und auf der anderen Seite nehmen Sie wahr, mit „was“ Sie sich gerade befassen.

So können Sie Ihre fünf Sinne erproben: Hören – und sich gleichzeitig als Hörende(r) erleben (im Konzert ist es besonders genussvoll, als Ganzkörperhörende[r] anwesend zu sein), zu riechen und sich als Riechende(r) wahrzunehmen, … Sie können es ausprobieren: Je mehr Sie über das einzelne Sinnesorgan hinaus den ganzen Körper gewahr haben, desto mehr bekommen Sie das Gefühl, hier und jetzt vollständiger und mit mehr Facetten Ihre Lebensqualität auch zu erleben.

Die gegenteilige Erfahrung ist für mich, an meiner Arbeitsstelle mit dem Auto angekommen zu sein, ohne eine konkrete Erinnerung an das, was unterwegs passiert ist. Sicher habe ich an den roten Ampeln gebremst und die Verkehrsregeln beachtet, jedoch war ich da nicht bei mir, ich habe mich nicht wahrgenommen. So als ob da niemand im Auto gesessen und niemand das Auto gesteuert hätte. Mein Körper hat automatisiert gehandelt (und offensichtlich alles richtig gemacht), während „ich“ in meinen Gedanken oder Träumen war. Solche Situationen kommen mir wie ungelebt vor. Es ist, als würde man ein wunderbares Essen zu sich nehmen, ohne zu bemerken, wie es schmeckt, oder, weiter gefasst: als würde man leben, ohne zu spüren und zu bemerken, dass „ich“ (gerade jetzt) lebe.

Vielleicht lässt sich am ehesten sagen: Ich spüre – also bin ich. „Ich spüre mich und nehme die mich umgebende Welt wahr.“

Möglicherweise möchten Sie mit dieser Perspektive noch etwas experimentieren.

Sie könnten etwa in Ihrer Vorstellung einen Freund oder Bekannten entstehen lassen, sich seiner erinnern und zu Ihrer inneren Körperwahrnehmung pendeln: Welche körperliche Resonanz entsteht in Ihnen? Nehmen Sie gleichzeitig Ihre Atembewegung wahr; das unterstützt Sie dabei, körperlich zu sich zu kommen. Sie können in sich „alles“ über Ihren Freund entstehen lassen; alles, was Sie von ihm wissen, all die Begegnungen, die Sie mit ihm hatten, sein Aussehen, und nehmen Sie auch alles dazu, was Sie nicht wissen und nie erfahren werden. Lassen Sie das alles in sich zu einem Ganzen werden. Während Sie Ihre Aufmerksamkeit im Körper (Brust- und Bauchraum) haben – können Sie z. B. die Frage in Ihren Körper fallen lassen: „Was ist mir an ihm wichtig?“ Warten Sie eine kleine Weile sanft-neugierig auf das, was auch immer in Ihnen entstehen will. Nehmen Sie einfach wahr, ohne in eine innere Diskussion zu treten. „Was ist mir an ihm wichtig?“ Nehmen Sie entgegen, was kommt, und beenden Sie das kleine Experiment. (Falls das Experiment im Moment für Sie so nicht machbar war, lassen Sie es einfach bleiben oder versuchen Sie es zu einem anderen Zeitpunkt wieder einmal.)

Dabei werden Sie vermutlich bemerken, dass Sie nicht im Wahrgenommenen (z. B. im Denken über den Freund) aufgehen, sondern die Verbindung zu Ihrer „Hardware“, Ihrem körperlichen Gesamtgefühl von sich, behalten. Dadurch kann Ihr Inneres kreative und neue Antworten entstehen lassen. Mit diesem Selbstbewusstsein, mit dieser Beziehung zu sich selbst werden Sie wie von alleine bemerken, wie die inneren und äußeren „Wahrnehmungsgegenstände" auf Sie wirken. Sie werden früher als bisher bemerken, welche Gefühle entstehen und welche Bedeutung diese für Sie persönlich haben.

Diese Art des Sich-gewahr-Seins, während Sie mit etwas beschäftigt sind, kann Ihnen das Gefühl vermitteln, näher bei sich selbst zu sein, mehr von dem mitzubekommen, was gerade geschieht. Sie bekommen dadurch mehr Realität und Handlungsspielraum. Auch sind Sie für sich und andere weniger verführbar, etwas zu tun, was gerade jetzt nicht stimmig wäre.

Ich schaue, doch nirgends kann ich mich erblicken

Während Ihre Augen über die Worte ziehen, können Sie darauf achten, was Sie von sich selbst, von Ihrem Körper sehen. Halten Sie einige Augenblicke im Lesen inne: „Was sehe ich von mir?" Vielleicht die Finger und Unterarme, die das Buch bzw. die Seite halten. Verweilen Sie etwas bei diesem Experiment, so können Sie den Schatten ihrer Nasenflügel oder den Rand Ihrer Brille erkennen. Von Ihrer Kleidung, sehen Sie wahrscheinlich wenig, auch möglicherweise vorhandenes Geschmeide an Hals und Ohren ist Ihrem Blick entzogen. Bewegen Sie Ihren Kopf und schauen zu den Füßen, so ist ihr Brust- und Bauchraum ausgeblendet. Ihr Rücken befindet sich sowieso außerhalb Ihres Blickwinkels. Wie Sie sich auch drehen und wenden mögen, der größte Teil Ihres Körpers ist für Sie selbst unsichtbar. Diese auf den ersten Blick triviale Beobachtung möchte ich Ihnen zu Bewusstsein bringen und Sie bitten, etwas in ihr zu verweilen. Sie war für den französischen Philosoph Merleau-Ponty, der den Körper in der Philosophie salonfähig machte, eine Grunderfahrung seiner Erkenntnisarbeit. (Der Bezug zum Körper war ein wichtiger Umbruch in der Geschichte der Philosophie.)

Als ich meinerseits das oben beschriebene Experiment die ersten Male durchführte, amüsierte ich mich köstlich, zu bemerken, dass ich im Alltag keine Füße und Schuhe bemerke (auch keinen Bauch), dass mein Ohrring für mich überhaupt nie, meine Frisur und mein Gesicht, mein Bart nur für die anderen wahrnehmbar sind. Das wunderbare Lebensgefühl, das neue Schuhe, schicke Kleidung, Tattoos und Schmuck bewirken können, nährt sich jedenfalls aus anderen Wahrnehmungsquellen.

Auf wie viele Arten können Sie mit jedem anderen beliebigen Gegenstand umgehen? Dieses Büchlein können Sie drehen und wenden, von allen Seiten betrachten und auch weglegen. Alle Gegenstände können Sie aus Ihrem Gesichtsfeld entfernen oder ganz verschwinden lassen. Mit dem eigenen Körper können Sie das nicht. Ihr Körper ist immer bei Ihnen, solange Sie leben. Auch wenn Sie innerlich Ihren Körper verlassen und sich auf eine Entdeckungsreise durchs Universum begeben, so bleibt Ihr Körper doch Ihr Lebensort.

Um Dinge können Sie herumgehen, durch Perspektivenwechsel können Sie Dinge und auch Menschen aus immer wieder neuen Blickwinkeln wahrnehmen.

Den Raum, den Sie mit Ihrem Körper „ausfüllen“, können Sie nicht wahrnehmen. Der Ort, von dem aus Sie gerade die Welt wahrnehmen, ist genau Ihr Ort, niemand sonst kann sich gleichzeitig genau dort aufhalten – niemand sonst kann genau Ihre Perspektive einnehmen und damit genau Ihre einmalige Wahrnehmung haben. Gleichzeitig sind Sie Ihr eigener blinder Fleck.

Fast jeden Gegenstand in Ihrem Gesichtsfeld könnten Sie zerlegen (die entsprechenden Folgekosten in Kauf nehmend) und nachschauen, wie er im Inneren aussieht. Bei allem medizinischen Wissen jedoch können Sie im Moment nur vermuten, dass Sie ein Gehirn im Kopf haben und Ihr Herz am richtigen Fleck sitzt. Unmittelbar nachschauen werden Sie nicht wollen.

Sie sind Ihre eigene Perspektive. Ihr Körper ist Ihr eigener, einmaliger Blickwinkel.

Intention der oben beschriebenen Wahrnehmungsübung war, Ihnen über die Augen das Sehen zu öffnen. Sie können analog auch mit den Ohren, dem Hören experimentieren. Wenn nicht gerade Ihr Ohr klingelt oder Ihr Magen knurrt, werden Sie ausschließlich die Umwelt hören. Von sich selbst nur körperliche Stille. Der Raum, den Sie füllen, ist für unsere Sinne ein blinder Fleck.

Vielleicht zieht einer der nachfolgend aufgeführten schlussfolgernden Sätze Ihre Aufmerksamkeit auf sich und ergibt Ihnen einen gewissen Sinn für Ihr Selbst-Bewusstsein, für Ihre körperliche Präsenz.

- „Mein Körper ist immer da."
- „Der Körper ist immer am Rande meiner Wahrnehmung."
- „Vom Körper geht mein Leben aus, nur von hier aus kann ich denken und handeln."
- „Sehen, wahrnehmen allgemein bedeutet immer von irgendwoher sehen, wahrnehmen."
- „Sehen (wahrnehmen) bedeutet, den eigenen Ort, den eigenen Standpunkt nicht (bzw. sehr unvollständig) zu sehen."
- „Mein Körper ist mein Lebensort."
- „Alles – auch mich selbst – nehme ich perspektivisch wahr."
- „Meine Perspektive ist meine einmalige Perspektive und mein blinder Fleck zugleich."
- „Es ist nicht möglich, alle Perspektiven wahrzunehmen, meine Wahrnehmung ist beschränkt."
- „Jede Theorie oder Aussage ist von jemanden und irgendwoher begründet und erdacht."
- „Wahr ist, was für mich wahr ist, dem Leben dient und glücklicher macht."

Denken und handeln Sie von Ihrem konkreten Körper aus, so befinden Sie sich im Mittelpunkt Ihres Lebens. Von Ihrem (körperlichen) Leben her nehmen Sie wahr, entfalten und deuten Sie die Welt. Von Geburt an sind Sie Ihr eigener Mittelpunkt im Kosmos.

Die Vorstellung „Mein Körper, mein Erleben ist der Mittel- und Ausgangspunkt meines Lebens" unterstützt Sie vielleicht bei anstehenden kleinen und größeren Entscheidungen, Ihre Einmaligkeit nicht nur zu glauben und zu träumen, sondern trägt für Sie auch die Legitimation in sich, den nächsten kleinen stimmigen Schritt, der ansteht, zu tun. Vielleicht können Sie sich noch bewusster „in sich", in Ihre Mitte, in Ihren Standpunkt stellen, einen anderen haben Sie ohnehin nicht – wenn Sie nicht Ihren Körper „übergehen" wollen und damit unglückliche, unzufriedene Gefühle riskieren, oder gar krank zu werden. Also: „Was steht gerade als kleiner, machbarer Schritt an?"

Die Formulierung „kleiner, machbarer Schritt" ist wichtig – lassen Sie sich bitte nicht von mir (oder von sich selbst) zu etwas hinreißen, was nicht ansteht. Vielleicht ist auch die folgende Frage passender: „Was steht zwischen mir und meinem guten Gefühl, in der Mitte meines Lebens zu sein?" Wenn Sie sich dieser Frage spürend und suchend zuwenden, können Sie vielleicht das eine und andere finden, das Ihnen Verständnis und Wohlwollen für Ihre augenblickliche Situation mit sich selbst oder mit etwas ganz Bestimmtem eröffnet.

Wenn Sie nicht Ihr Leben leben, wer soll es dann für Sie tun?

Eine taoistische Meisterin gab mir ein Blatt Papier in die Hand und stellte die Frage: „Falls dieses Blatt (Sie können mit den beiden aufgeschlagenen Buchseiten, die Sie vor sich haben, mitmachen) das gesamte Universum symbolisieren und Sie mit einem Stift Ihre Existenz darin orten würden, – wo tragen Sie Ihren kleinen Punkt ein?"

Der Punkt auf der Blattmitte bzw. in Ihrem Fall: auf der Mitte der aufgeschlagenen Buchseiten wurde von der Meisterin bestätigt. Denn tatsächlich sind Sie die Mitte Ihres Universums. Sie schauen, hören, tasten, riechen, schmecken, berühren die Welt, Sie symbolisieren die Welt in Form von gedanklichen Konzepten (etwa dazu, wie dies oder jenes funktioniert), Sie haben Ihre Erinnerungen im Kopf und Ihr Körper trägt Ihre gesamte Lebensgeschichte in sich. Sie sehen die Welt und machen sich Ihre Gedanken. Sie sind im Gespräch und bilden sich Ihre Meinung. Sie interpretieren Ereignisse und erschaffen komplexe Sinnzusammenhänge. Sterben Sie, dann geht diese ganze Welt mit Ihnen unter. Auch wenn Sie Ihre Kleidung nicht maßgeschneidert herstellen lassen, sondern in Kaufhäusern erwerben, und vielleicht eine politische Partei wählen, der weitere 8 bis 10 Prozent der Gesamtbevölkerung ihre Stimme geben, – so sind Sie doch einmalig. Niemand hat genau die Perspektive wie Sie. Niemand kann genau diese Gefühle fühlen, diese Gedanken denken, niemand wird genau die Menschen lieben, die sie lieben.

Ortung, diese Selbstfindung im Kosmos, wirkt wie eine Umkehr des kopernikanischen Weltbildes. Die Erde war für die Menschen bis zu Kopernikus der Mittelpunkt des Daseins. Durch seine neue astrologische Sicht wurde die Erde nur noch zu einem Punkt neben vielen anderen. Die Menschen wurden in ein unendliches Universum gestürzt. Das eigene Weltbild relativierte sich zu einem unter vielen. Nehmen Sie Ihren Körper als Ausgangspunkt und Mittelpunkt Ihres Lebens, so rücken Sie in die Mitte – sie zentrieren sich auf sich selbst als Lebensort. Dabei werden Sie bemerken, wie Sie sich auf eine gute Weise wichtig nehmen. Sie selbst, Ihre Art, da zu sein, erhält Energie und Sie werten Ihre eigenen „persönlichen Aktien" auf. Nicht die Dinge, die erledigt werden sollen, oder die Bedürfnisse anderer sind Ihr Ausgangspunkt. Wenn überhaupt, sind Sie da, wo Sie sind und wie Sie sind. Vielleicht können Sie sich die Erlaubnis geben, Ihre eigenen Empfindungen wahrzunehmen und sich damit Ihrer selbst zu versichern. Was Sie dann als Nächstes tun oder auch nicht, ist erst später von Bedeutung. Wenn Sie Ihr Leben nicht leben, dann werden es andere für Sie tun! Der Anfang heißt wahrnehmen, wahr lassen, wie es eben ist. Wie es für Sie ist.

Noch ein kleines Experiment:

Während Sie einen Ihrer lieben Mitmenschen, mit denen Sie alltäglich zu tun haben, erleben, fragen Sie sich einmal nicht: Warum tut er dies? Sondern nehmen Sie nur zur Kenntnis, was der andere tut und fragen Sie sich dabei: Wie wirkt das auf mich? Warten Sie dann auf Ihre von innen her entstehende Antwort.

In Kurzform: „Ich frage mich nicht mehr, warum andere das tun, was sie tun – ich frage mich jetzt, was sie tun und wie es auf mich wirkt, und suche meine stimmige Antwort."

Dieser Spruch übersetzt die Lebens-Körper-Zentrierung in den Beziehungsalltag. Er erspart die Mühe gedanklicher Spekulation über die Motive des anderen, befreit vom Im-Kreis-Denken und öffnet konkrete verändernde Handlungsimpulse.

Die Wirkweise dieses Spruches entfaltet sich am besten bei Ärger über jemanden oder sonstigem gedanklichen Kreisen über eine Situation. Sie können sich ja mal einen Ihrer derzeit weniger netten Mitmenschen vornehmen, sich die gesamte Situation kurz vorstellen, um die es geht, und dann den ersten Teil des Satzes zur Anwendung bringen: „Ich frage mich nicht mehr, warum er/sie es tut – ich frage mich jetzt, was er/sie tut und wie es auf mich wirkt: „Was tut er/sie?", „Was genau ‚tut' er/sie?" – „Wie wirkt das auf mich?" Seien Sie dabei mit Ihrer Aufmerksamkeit spürend im Körper – „Welche Gefühle, Stimmungen, Empfindungen löst das aus?" –, lassen Sie sich Zeit, um die verschiedensten Facetten der Gefühle entstehen zu lassen, seien Sie der Mittelpunkt Ihres Lebens und fragen Sie dann in Richtung Ihrer Körpermitte: „Wonach ist mir zumute?", „Was ist gut zu tun?", „Was brauche ich von mir selbst, um damit zurechtzukommen?" Lassen Sie sich Zeit, seien Sie körperlich spürend, damit die Antworten von innen entstehen.

Vielleicht bemerken Sie im Ergebnis einen Unterschied zu den Kopfgedanken, die Sie sich bisher vor allem gemacht haben, zu den Antworten aus der Mitte Ihres Erlebens.

Zuhause ankommen: körperliches Bewusstsein

Die vorhergehenden Themen, „Der Körper ‚rechnet sich raus'" und „Ich schaue, doch nirgends kann ich mich erblicken", umschreiben für mich die wichtigsten Entdeckungen, die mich zu diesem Buch und zu meiner Arbeit als Seminarleiter inspirieren. Diese Entdeckung habe ich Gene Gendlin zu verdanken. Über sein Buch „Focusing", seine Philosophie und viele persönliche Begegnungen mit ihm konnte ich mich selbst erfahren und von ihm lernen.

Die Quintessenz der vorgehenden Abschnitte: Das Bedeutsamste von mir, mein eigenes tieferes Erleben, entzieht sich der direkten Wahrnehmung – und doch ist es möglich, über eine bestimmte körperliche Bezugnahme zu mir nach Hause zu kommen, neue Erkenntnisse, klare Gefühle und frische Energie zu gewinnen.

Natürlich ist diese Erkenntnis nicht gerade neu. Hat nicht schon Sigmund Freud aus ähnlicher Einsicht das Konstrukt des Unbewussten eingeführt, um menschliches Erleben verständlich zu interpretieren? Er meinte, dass wir nur den Gipfel unseres Erlebens bewusst wahrnehmen, alles darunter wirkt, so Freud, im Reich des Unbewussten und beeinflusst, ja steuert unser Leben bis in alltägliche Kleinigkeiten des Versprechens, Vergessens und Verlierens, aber auch in der Partner- und Berufwahl.

Das Unbewusste ist jedoch nicht einfach nur unbewusst und damit für uns unerreichbar. Bisher habe ich Sie eingeladen, sich, ihren Körper, zum Ausgangspunkt Ihres Lebens zu machen, sich selbst und Ihre Welt wichtig zu nehmen. Mein Wunsch für Sie ist eigentlich: „Kommen Sie nach Hause und nehmen Sie Ihr Zuhause als Basisstation für alles Weitere." Jetzt möchte ich Sie mit Ihrem Zuhause vertraut machen, vielleicht ist es besser zu sagen: Sie an Ihr Zuhause erinnern, denn Sie kennen sich wohl am besten. Das eine oder andere vom Zuhause-Sein möchte ich Ihnen erklären, wobei Sie immer wieder die Gelegenheit haben werden, auszuprobieren, ob meine Vorgaben für Ihr Zuhause passen und für Sie selbst funktionieren.

„Zuhause" ist für mich ein Bild für das Innere, es gibt andere Sprachbilder wie „Unbewusstes", „innerer Erlebensfluss", „das noch Ungeborene", „körperliches Bewusstsein", „inneres Erleben", „Wolke des Nichtwissens", „Implizites" oder auch „innere Wahrheit" und viele mehr. Jede Psychologie und Mystik findet ihre eigene Sprache, die dazu taugt, die Welt zu beschreiben, die sie hervorhebt.

Dieses innere Erleben schenkt Ihnen Informationen, Energien, kreative Einfälle und Intuitionen. Dabei fühlen Sie sich wohler, glücklicher und Ihre persönlichen Ziele werden deutlicher und erreichbar. Jedenfalls können Sie Kompetenz für sich selbst, persönliches Wachstum, emotionale Intelligenz, Tiefe und Orientierung für anstehende Entscheidungen finden. Leben wir mit uns – was bedeutet: mit unserem Inneren – in Übereinstimmung, fühlt sich unser Leben als stimmig und „zuhause angekommen“ an. Wir verspüren dann eine Leichtigkeit und Freude, die uns auch bei Anstrengung und großer Herausforderung beflügelt.

Diese innere Welt lässt sich jedoch nicht einfach nur für persönliche Ziele nutzen. Sie tritt uns ebenfalls in den unterschiedlichsten Symptomen und Missstimmungen entgegen. Überhören, übersehen, übergehen wir unsere tiefere Stimmigkeit, unsere „innere Wahrheit“, unsere körperlichen und sozialen Bedürfnisse, so hat diese Welt eine ganze Palette von Krankheitsbildern und Schmerzen zur Verfügung, die uns bedrohen. Sie können ein Gefühl der Ohnmacht uns selbst und unserem Körper gegenüber hervorrufen. Die Korrekturangebote unseres Inneren, die den Weg zurück zu unserer Lebensmitte zeigen, machen das Leben nicht gerade einfacher und sind als solche oft nicht verständlich. Im Zusammenhang dieser Aussage ist wichtig: Nicht jede Krankheit lässt sich so interpretieren. Krankheit als Weg zu sich ist nur eine Perspektive, die manchmal etwas hervorzuheben vermag – manchmal auch nicht.

Die Lösung scheint zu sein, Wege zu finden, das leben zu lassen, was aus uns heraus leben will und gleichzeitig als bewusstes Ich in gewisser Weise mitgehend und steuernd unseren Lebensprozess zu begleiten. Ich glaube, wir alle kennen das Gefühl, „in Übereinstimmung“ mit uns selbst zu sein, jedenfalls vertraue ich darauf, dass jeder Mensch diese Erfahrung (wenn auch in nur kleinen Momenten) schon gemacht hat.

Vielleicht möchten Sie eine kleine Einladung zum „Coming home“ annehmen und jetzt selbst ausprobieren, wie es sich anfühlt, „nach Hause zu kommen“. Sie werden dabei bemerken: Nehmen Sie Verbindung mit Ihrem von innen gefühlten Körper auf, so eröffnet sich Ihnen nach einer kleinen Weile immer mehr eine Welt von subtilen Stimmungen, Atmosphären und Ahnungen. Meine Anleitung bei den bisherigen Experimenten lautete: „Geben Sie Ihre Achtsamkeit in den Körper, verweilen Sie dort und warten Sie", und jetzt könnten Sie fortfahren: „Was verlangt gerade nach meiner Aufmerksamkeit?" Diese allgemeine Einladung könnte Ihrem Inneren sagen: „Ich bin da, was magst du mir erzählen?" So ähnlich als würden Sie einen vertrauten Freund einladend fragen: „Wie geht's dir? Komm, erzähle von dir!"

Also: „Was verlangt gerade nach meiner Aufmerksamkeit?" Während Sie Ihre Aufmerksamkeit im inneren Brust- und Bauchbereich haben und dort verweilen, können Sie zuerst eine gewisse Ahnung wahrnehmen und (wenn es klappt) ein erstes Gefühl, eine Idee, ein Thema, das sich Ihnen zeigen möchte, ein inneres Bild oder vielleicht auch eine Grundstimmung. Nehmen Sie einfach wahr, was auch immer sich meldet und bleiben Sie dabei. Vielleicht finden sich auch einige Worte, wie „irgendwie etwas Komisches", „ein flaues Gefühl", „etwas Drückendes wegen dem, was ich hätte tun wollen (oder müssen)".

Sie können diese Erfahrung jetzt auswerten und sich fragen: „Wie ist es für mich, in dieser Art mit mir zu sein?", „Hat das Experiment etwas Neues hervorgehoben oder etwas Bekanntes verdeutlicht?" Vielleicht haben Sie auch gar nichts wahrgenommen und es ist gerade nicht gelungen, zu sich nach Hause zu kommen. Wie es auch immer sei: Lassen Sie es bitte, wie es ist.

Besuch in Ihrem Alltag

Coming home, zu sich selbst kommen, bedeutet immer auch: da ankommen, wo Sie gerade sind. Ein Weg dazu kann sein, in Ihrem gelebten Alltag anzukommen.

Sie können Pause machen von den allgegenwärtigen Gedanken daran, wie etwas sein sollte oder was noch alles zu managen, zu erledigen ist, auch von Ihren Gefühlen über dies und jenes. Stattdessen können Sie Ihren eigenen Alltag anschauen, wie ein guter und liebevoller Freund oder eine Freundin, der/die ganz auf Ihrer Seite steht, dies tun würde.

Vielleicht geht es Ihnen auch so: Sie sind froh über die Highlights, die in Ihrem Alltag aufstrahlen, ihn für kurze Zeit unterbrechen und Ihnen einige Minuten Glück schenken. Aber auch Ihr Alltag ist wahrscheinlich kein Dauerhighlight. Läuft im Großen und Ganzen alles gut und so, wie Sie es sich wünschen, dann fühlen Sie sich für eine Weile – und das ist schon sehr viel – mit sich selbst verbunden, in der Mitte Ihres Lebens, gelassen und ausgeglichen; Sie befinden sich in harmonischen Beziehungen und fühlen sich den alltäglichen privaten und beruflichen Anforderungen gewachsen.

Unsere eigentliche Herausforderung ist der Alltag, die Notwendigkeit, in dauernd wechselnden Situationen permanent mit sich selbst zu sein. Wenn Sie acht Stunden schlafen und sich eine Stunde Highlight organisieren (meditieren, joggen, tanzen, boxen, lesen, schreiben, malen, nichts tun, jemanden treffen, etwas Erotisches erleben, ...), dann bleiben Ihnen immer noch täglich 15 Stunden Alltag: arbeiten, Treppen steigen, aufräumen, telefonieren, sich konzentrieren, sich ärgern, freuen, ...

Für die nächsten ca. 15 Minuten lade ich Sie ein, es sich während des Lesens so gemütlich zu machen, wie es im Moment geht. Vielleicht legen Sie ihre Füße hoch und finden eine komfortable Haltung, in der Sie das Buch halten, langsam lesen und sich selbst wahrnehmen können. Seien Sie einfach mit sich und dem Buch in der Hand genau da, wo Sie sind.

Jetzt bitte ich Sie, Ihren Atem wahrzunehmen, der an Ihren Nasenflügeln vorbeistreift. Bei einem der nächsten Atemzüge atmen Sie dann die Luft spürend ein, sodass Sie Ihren Atemraum von innen körperlich wahrnehmen: sanfte Atemwellen in Ihrem Körper, die von alleine verströmen. Bleiben Sie ein kleine Weile dabei und lassen Sie sich selbst wichtig werden. Gestehen Sie es sich zu, die Dinge um Sie herum in den Hintergrund treten zu lassen und tun Sie für eine kleine Weile so, als ob dieses Atmen, dieses Hineinfließen und Ausatmen das Wichtigste auf der ganzen Welt wäre. Dabei nehmen Sie Ihren Körper „von innen“ wahr. Sie bemerken, wie der Atemzug ihren Brustkorb etwas dehnt und sich Ihr Atemraum in Richtung

Bauch etwas weitet. Lassen Sie den Atem völlig so kommen, wie „es“ atmet. Folgen Sie keinem der bekannten Konzepte wie: tiefer atmen, Brust- oder Bauchatmung, sondern gehen Sie einfach mit dem natürlichen Ein- und Ausatmen mit, dem Rhythmus, den Ihr Körper von alleine wählt –, wie es von alleine atmet.

Jetzt schlage ich Ihnen vor, sich auf die innere, körperliche Suche nach dem Ort zu begeben, an dem es sich augenblicklich in Ihrem Körper am wohlsten anfühlt.

Also: Wenn Sie überall Schmerzen hätten – wo würde es sich im Körper am wenigsten schmerzlich anfühlen? Richten Sie einfach die Frage nach innen: Wo ist es jetzt im Augenblick am Angenehmsten? Lassen Sie sich ruhig etwas Zeit, dieser Frage im Körper zu folgen. Und wenn Sie dann einen körperlichen Ort gefunden haben, so erlauben Sie sich bitte, diesen Körperraum mit einem sanften Atem zu betreten. Stellen Sie sich vor, Sie könnten Ihren Atem in diesen körperlichen Raum fließen lassen. Erlauben Sie sich selbst, dieses angenehme körperliche Gefühl zu genießen. Bleiben Sie dabei und erkunden Sie spürend diese bestimmte Qualität dieses Ortes.

Vielleicht ist es für Sie gut, in diesem „FreiRaum“ zu verweilen und einen kleinen Urlaub vom Getriebe um Sie herum und in Ihnen zu machen. Genießen Sie atmend und erlauben Sie dem guten Gefühl, sich in Ihrem Körper weiter auszubreiten …

Jetzt schlage ich Ihnen einen weiteren Schritt vor: Schauen Sie aus diesem angenehmen Ort hinaus und betrachten Sie sich selbst in Ihrem Alltag. Bleiben Sie mit Ihrem Atem im Angenehmen und schauen Sie sich zu bei dem, was Sie alltäglich tun. Lassen einen Film von Ihrem Alltagsmenschen im Schnelldurchlauf entstehen. Sie können sich auch zuhören. Was tun Sie als Alltagsmensch in Ihrem Alltag? … Mit wem sprechen Sie? … Was tun Sie, wenn Sie alleine sind? … Welche Grundstimmung hat Ihr Alltagsmensch? Machen Sie langsam, lassen Sie sich Zeit, dieser Frage etwas nachzugehen. Was bewegt Ihren Alltagsmenschen vom Aufstehen bis zum Zubettgehen? Bleiben Sie „in“ Ihrer Vorstellung, in Ihrem körperlichen Atmen. Welches innere Grundgefühl ist der Treibstoff, für das Tun und Nicht-Tun Ihres Alltagsmenschen? … Mit welchem „Ich muss:“ treibt sich Ihr Alltagsmensch an? Schauen Sie Ihrem All-

tagsmenschen ein wenig in die Augen und bemerken Sie die Stimmung, die Kraft, die Ihnen von dort entgegenkommt … Bleiben Sie gleichzeitig in Ihrem Atem, in Ihrem guten Raum. Hier können Sie sich fragen: Worum dreht sich das Leben meines „Alltagsmenschen", um welches Grundgefühl, welche Sehnsucht, welche Angst … was auch immer, um was herum entsteht dieser Alltag? Eigentlich lebt mein Alltagsmensch für: … … … . Was fällt Ihnen hier von alleine ein, ohne Nachdenken, nur diese Vorstellung von sich selbst vor Augen habend: Eigentlich lebt mein Alltagsmensch für … … … .

Lassen Sie einfach entstehen, was immer von innen her kommen will.

Nun können Sie Ihr Körperwissen in Richtung Brust und Bauch anfragen: Was braucht dieser Mensch am allermeisten? Welche Kraft, welche Energie wünschen Sie diesem Menschen? Lassen Sie diese Energie entstehen und schicken oder „beamen" Sie ihm/ihr diese Energie zu – als wenn Sie ihm mit Ihrem Atem diese Energie schenken könnten. Schauen Sie dann zu, wie sich Ihr Alltagsmensch verändert. Wie er mit dieser neuen Ausstattung geht, spricht, sich bewegt, vielleicht auch, welcher Kleidungsstil und welche Farben sich einstellen. Erlauben Sie sich, zuzuschauen, was alles anders wird. Gehen Sie mit, und vielleicht erleben Sie diese neuen Gefühle in sich, den neuen Atem, den neuen Schwung, diese andere Art zu sein. Genießen Sie, was alles gut ist … Wie ist dabei Ihr Körper, wie spüren Sie sich im Moment dabei? … Vielleicht möchten Sie jetzt mit diesem Lebensgefühl eine kleine Unternehmung angehen? Jemanden anrufen, einer bestimmten Tätigkeit nachgehen? Halten Sie dabei den Kontakt zu dem Neuen.

Den Zugang nach innen finden

Um „in" Ihren Körper, Ihren inneren Erlebensraum zu kommen, braucht es meist etwas Abstand zu dem, was Sie momentan beschäftigt, und ein Hinschauen auf das, was diesen Raum gerade verdeckt. Mythen und Märchen, wie z.B. „Frau Holle", erzählen von einem Sprung in den Brunnen, der ein Mädchen in eine unbekannte Welt führt, mit einem Backofen, der voller Brot ist; das Brot aber ruft: „‚Ach, zieh' mich raus, zieh' mich raus, sonst verbrenn' ich, ich bin schon längst ausgebacken!' Da trat es hinzu und holte mit dem Brotschieber alles nacheinander heraus. Danach ging es weiter und kam zu einem Baume, der hing voll Äpfel und rief ihm zu: ‚Ach, schüttle mich, schüttle mich, wir Äpfel sind alle miteinander reif!' Da schüttelte es den Baum, dass die Äpfel fielen, als regneten sie, und schüttelte, bis keiner mehr oben war; und als es alle in einen Haufen zusammengelegt hatte, ging es wieder weiter ..." Alice im Wunderland findet ihren Weg in eine weise und zugleich verrückte Gesellschaft unter der Erdoberfläche. Sie pflückt gerade Gänseblümchen, als plötzlich ein weißes Kaninchen mit roten Augen dicht an ihr vorbei läuft. „Außer sich vor Neugier rannte sie ihm, so schnell sie konnte, über dem Acker nach und sauste dem weißen Kaninchen in dessen großen unterirdischen Kaninchenbau nach."

Die Märchen und Mythen beschreiben den Alltag der Hauptdarsteller meist als konflikthaft; sie sind ungeliebt oder verstoßen, schwach und unterdrückt. Erst in der Innenwelt entdeckten sie Mut und Weisheit, werden zu Helden, zu Königinnen oder Männern, die ihr Leben in die Hand nehmen. Gemeinsam ist ihnen allen, dass sie in gewisser Weise für etwas Neues „anfällig" waren, das ihr Leben nach den bestandenen Abenteuern völlig neu gestaltet. Die „Unendliche Geschichte" von Michael Ende ist ebenfalls ein wunderschönes Beispiel für diese Art von Veränderung aus dem Inneren heraus.

Hin und wieder ergibt es sich, dass wir mit unserem Inneren, dem Wesentlichen, in Berührung kommen, dass wir bemerken, was uns oft unbemerkt im Alltag dirigiert. Doch sind wir bestens konditioniert, diese kurzen „Einbrüche" schnell wieder zu vergessen. Vielleicht kennen Sie auch die Erfahrung, an einem Tag etwas ganz Wichtiges über sich verstanden zu haben, das den Anschein hat, als könne es das gesamte Leben verbessern – und am nächsten Tag bleibt davon nur noch ein Restgefühl übrig. Was bleibt, ist: „Gestern, da habe ich was von mir verstanden, doch jetzt ist es weg." Bei so einer Gelegenheit saust Alice im Wunderland neugierig in den unterirdischen Kaninchenbau und entdeckt später immer wieder neue Zugänge zu dieser spannenden Welt unter dem Alltag. Deshalb möchte ich Sie jetzt zu einer kleinen entspannenden Reise in Ihr „körperliches Bewusstsein" einladen:

FreiRaum finden

Nehmen Sie sich ca. 15 Minuten Zeit. Lassen Sie Ihr Inneres wissen: „Ich habe jetzt einen Zeitraum für mich." Sprechen Sie diesen Satz in Richtung von Brust und Bauch: „Ich habe jetzt Zeit." Möglicherweise bemerken Sie, welche Resonanz diese Aussage in Ihnen bewirkt, vielleicht öffnet sich ein innerer Raum oder Ihr Körper kann sich etwas entspannen und jetzt einfach da sein, ohne dass Sie etwas Bestimmtes zu tun brauchen. Machen Sie es sich körperlich etwas bequemer. Vielleicht erspüren Sie Ihre Unterlage oder die Füße am Boden … Vielleicht finden Sie in sich auch einen Wunsch nach mehr Lebendigkeit.

Jetzt können Sie sich Ihrem gegenwärtigen Empfinden zuwenden. Möglicherweise wirkt in Ihnen noch etwas nach, was Sie früher am Tag erlebt haben, oder Sie bemerken eine bestimmte Stimmung, ein Druckgefühl, das Ihnen sagt: „Du solltest noch schnell …", vielleicht auch Gefühle wie Unruhe, Traurigkeit, … Vielleicht sind Ihre Gedanken mit etwas Bestimmtem beschäftigt. Wie auch immer: Nehmen Sie einfach wahr, was in Ihnen gerade geschieht. Halten Sie etwa eine Minute inne und nehmen Sie wahr. Formulieren Sie diese Wahrnehmungen um (wobei Ihre inneren Stimme einen freundlich-begrüßend-neugierigen Tonfall annimmt), z.B.: Aha, da ist etwas Trauriges. Aha, da ist dieses bestimmte Gefühl. – Seien Sie etwas neugierig, was Sie im Augenblick noch alles in sich vorfinden: Aha, da ist dieser „Du sollst"-Satz. Aha, da ist etwas Denkendes, etwas Freudiges, Entspanntes, … Lassen Sie sich etwas Zeit und bemerken Sie den Unterschied, wenn Sie Ihr Erleben zu „etwas" machen. Dabei wird die Traurigkeit zu „etwas Traurigem": So wird Ihr gegenwärtig Wahrgenommenes zum Teil Ihrer Erfahrung und eröffnet Ihnen einen größeren Spürraum: „Da ist auch noch anderes als das

Traurige, das ich gerade wahrgenommen habe", „Ich bin mehr als dieses Denken", „Ich bin mehr als dieses Problem", „Ich bin mehr als diese Stimmung", ... Setzen Sie einfach Ihre innere Wahrnehmung hier ein und machen Sie, was auch immer kommt, zum „Etwas". Es ist ein inneres Wahrnehmen, Begrüßen, Anerkennen, dass es genau so ist, wie es ist, und ein neugieriges Weitergehen. Möglicherweise erweitert sich gerade ihr Atemraum oder ein kleiner Erleichterungsatem steigt von selbst auf. Erlauben Sie sich, Ihren Körper und die Atembewegung zu empfinden. Dabei werden Sie bemerken können, wie sich Ihr innerer Erlebensraum öffnet. Sie können sich wie einen Kosmos wahrnehmen, in welchem all diese Gefühle, Stimmungen, Gedanken, Körperempfindungen vorhanden sind ... Sie bestehen nicht nur aus einem bestimmten Gefühl oder einem bestimmten körperlichen Schmerz ... Das mag alles da sein und gleichzeitig gibt es noch vieles mehr. Diese Übung können Sie fortsetzen, bis ein „Jetzt langt es" auftaucht oder Sie innerlich bei etwas für Sie Interessantem angekommen sind.

Bevor Sie diese Übung ganz beenden, empfehle ich Ihnen, noch eine kleine Frage in Ihren Körper zu nehmen: „Was ist jetzt in diesem Experiment für mich entstanden?" Warten Sie nochmals etwa eine Minute, möglicherweise spüren Sie sich etwas anders, ist ein Gedanke mit aufgetaucht, ein Impuls, ein inneres Bild, ...

Bitte machen Sie sich keine Gedanken, wenn diese Übung jetzt so nicht klappen wollte. Vielleicht bauen Sie sich die Anleitung auch so um, wie es für Sie passt.

Der in der Übung beschriebene Zugang nach innen wird im Focusing als „FreiRaum" bezeichnet. Das Spezielle an dieser Übung hier ist das so genannte „Partialisieren": Die inneren Erlebensgegenstände/Erlebensereignisse werden zu „Etwas" umformuliert. Sagt der Klient z. B.: „Ich bin traurig", dann bekommt er vom Therapeuten als Antwort: „Ah, da ist etwas Trauriges in Dir." Das Ziel dieser Intervention ist, dem Klienten etwa Abstand zwischen sich als Wahrnehmenden und dem wahrgenommenen traurigen Gefühl zu ermöglichen. Vielleicht erinnern Sie sich: Die Grundlage dafür, dass so wenig Abstand zwischen uns und dem Wahrgenommenen ist, habe ich Ihnen im Abschnitt, „Der Körper ‚rechnet sich raus'" beschrieben. Die oben beschriebene Übung bildet eine konkrete Anwendung, die es dem Klienten erleichtert, sich nicht als vollkommen traurig wahrzunehmen, sondern zu bemerken: Ich bin mehr, ich bin größer als dieses Gefühl.

Ein weiterer Weg zum FreiRaum ist die Suche nach einem angenehm erlebten Ort im Körper. Sie können diese Übung auch als Einladung verstehen, einen Kurzurlaub zu machen und es sich einfach gut gehen zu lassen:

Einen guten Ort im Körper finden

Sie sind jetzt eingeladen, Ihre Aufmerksamkeit von Ihrer Umwelt und Ihren Gedanken weg und hin zu sich zu nehmen, sich selbst Ihre Aufmerksamkeit zu schenken. So können Sie Ihre Achtsamkeit in den Körper nehmen und dessen gewahr werden, was immer in Ihnen geschieht. Vielleicht geht es Ihnen auch so, dass Sie nicht so recht wissen, wie das geht. Manchmal höre ich die Antwort: „Es ist alles gut, mir tut nichts weh" oder: „Gestern hatte ich Rückenschmerzen und jetzt sind es leichte Kopfschmerzen". Vielleicht suchen Sie ebenfalls zuerst nach dem Unangenehmen: „Wo ist etwas nicht in Ordnung?", „Wo ist ein Anzeichen von Schmerz oder Krankheit?" „Lauert in meinem Körper eine Gefahr?"

Ich möchte Ihnen eine anders ausgerichtete Suchhaltung vorschlagen: „Wo ist es im Moment in mir angenehm?", „Wo in meinem Körper ist der wohligste Spürort?", „Wo in mir finde ich ein Sich-sicher-Fühlen?" Sie sind eingeladen, auf die helle Seite des Lebens überzuwechseln, obwohl der Rücken gleichzeitig schmerzt und die Kopfschmerzen immer noch drücken, obwohl der Gerichtsvollzieher gerade ihre Wohnung pfändet. Wo fühlt es sich körperlich jetzt im Moment gleichzeitig auch gut an? Dieser angenehme Ort im Körper ist vielleicht ganz woanders, als Sie denken, und vielleicht kleiner, als Sie vermuten. Lassen Sie sich Zeit, durch Ihren Körper zu spüren. Manchmal ist es leichter von den Füßen an aufwärts zu gehen als vom Kopf „hinunter" in den Körper.

Sollten Sie gerade dabei sein, dieses Sich-gut-Fühlen zu finden, so lassen Sie sich etwas Zeit. Wenn Sie dann angekommen sind, machen Sie etwas Urlaub vom sonstigen Leben. Kosten Sie das Wohlige aus, lassen Sie sich in diese kleine Badewanne fallen und genießen Sie. „Was ist das Angenehmste im Angenehmen?" Lassen Sie Ihren Atem in dieses Angenehme strömen und verweilen Sie. Vielleicht finden Sie Ruhe, Wärme, Lebendigkeit. Bleiben Sie ruhig noch etwas in diesen Empfindungen. Vielleicht entdecken Sie auch das besonders Angenehme in diesem angenehmen Körpergefühl. Sie können sich dabei auch in das Angenehme hinein eine offene Frage stellen: „Das ist so angenehm wie …?" Möglicherweise taucht ein inneres Bild, eine schöne Erinnerung auf, vielleicht hören Sie auch ein Musikstück oder was auch immer. „Das ist so angenehm wie …?" … Erlauben Sie sich, einfach so zu genießen … und spüren Sie Ihren sanften Atem.

Tanken Sie auf von dem, was sich jetzt für Sie wie mehr vom Guten anfühlt. Verweilen Sie noch etwas in den feinen Nuancen Ihrer angenehmen körperlichen Empfindungen.

Sie können diese Übung beenden, wann immer Sie wollen. Das „Gute" können Sie in sich noch etwas bewahren. Geben Sie ihm einen guten Platz im Körper, bevor Sie wieder in Ihren Alltag gehen.

Falls diese Übung für Sie jetzt nicht passt, nicht geht, versuchen Sie sie einfach ein anderes Mal.

Diese Übung unterscheidet sich von einer Entspannungsübung darin, dass Sie keinen vorgegebenen Inhalt bekommen, wie etwa „eine schöne Landschaft", „das Rauschen des Meeres" o. ä. Sie finden in sich selbst, in welcher Art Ihr Inneres Ihnen das „Gute", den Frei-Raum, zur Verfügung stellt. Das Selbstgefundene hat meist eine höhere Bedeutung als ein vorgegebener Inhalt, ein „Fertigprodukt".

Lassen Sie uns weiter den Kaninchenbau von Alice erforschen oder in der Unendlichen Geschichte weiterlesen. Ich meine natürlich: Lassen Sie uns Ihre eigene innere Erlebenswelt weiter entfalten. Ihren eigenen blinden Fleck, Ihr Unbewusstes, finden Sie über den körperlichen Zugang. Vorsicht: Ihr Körper mit seiner in ihn eingefalteten Welt kann zum Interessantesten und Abenteuerlichsten überhaupt werden.

Von außen nach innen

Kommen Sie der Einladung nach, etwas zu verweilen und Ihre Aufmerksamkeit in den Körper zu geben, Ihrem inneren Erleben Aufmerksamkeit zu schenken, so werden Sie wahrscheinlich erst einmal nichts Besonderes bemerken. Sie sehen mit Ihren inneren Augen keine Bilder, hören keine inneren Stimmen und fühlen nichts Bedeutsames. Ihre „Benutzerillusion", Ihr innerer Erlebensraum, bleibt einfach leer. Sie könnten sogar zu dem Schluss kommen: „Das funktioniert bei mir alles nicht."

Diese Erfahrung ist jedoch völlig normal – auch Menschen, die in diesen Dingen geübt sind, stehen immer wieder einmal vor einem „wie nichts". So als ob es keinerlei Innenleben gäbe oder dieses ganz verschüttet sei. „Alle erzählen von großen Einsichten und bei mir bleibt es dunkel."

Ähnlich erging es Alice im Kaninchenbau, die sogleich in ein Loch fiel: „Dieser Schacht war nun entweder wirklich überaus tief, oder aber sie fiel ihn sehr langsam hinunter, denn sie konnte sich während des Sturzes in aller Ruhe umsehen und überlegen, was ihr jetzt als Nächstes geschehen sollte. Als Erstes spähte sie in die Tiefe hinab, um zu erkennen, was ihr bevorstand, es war dunkel, dass man nichts sehen konnte …" Alice bekommt Angst, sie könnte sogar durch die Erde hindurchfallen.

Ähnliche Erfahrungen könnten Ihnen ebenfalls widerfahren. Natürlich fallen Sie nicht, Sie haben es sich ja auf festem Boden gemütlich gemacht und können sich noch dazu am Buch festhalten. Dennoch: Die Befürchtung: „Wenn ich in mich hineinspüre, was wird mir da entgegenkommen?" wird immer wieder berichtet. Alice sieht an den Wänden des Schachts, durch den sie fällt, viele Bücherregale. Sie könnten als Symbol für die Erfahrung von allerlei Gedankenaktivität interpretiert werden – der übliche Übergang vom Alltagsbewusstsein hin zu einer inneren Erfahrung. Sie können dann beobachten, wie Sie über Gott und die Welt nachdenken, doch geschieht in Wirklichkeit nichts, was der Rede wert ist. Die Gedankenaktivität überlagert das Gefühl, hier und jetzt in diesem einmaligen Moment Ihre innere Empfindungswelt wahrzunehmen. Einerseits möchte ich Ihnen Mut machen, sich zuzugestehen: „Dann geht es jetzt halt nicht“ und sich nicht noch ein Problem zu erschaffen – andererseits: Genau so erlebt sich der Übergang von außen nach innen, vom Alltagsbewusstsein zur Inneren Achtsamkeit. Vielen Menschen, die erstmals meditieren, ergeht es genau so und einige geben nach den ersten Versuchen auf. Bleiben Sie nur dabei, wie Alice.

Werden Sie innerlich achtsam und geben Ihre Aufmerksamkeit in den Körper oder in die Atembewegung, so nehmen Sie vermutlich erst einmal gar nichts Besonderes wahr. Nach einer Weile finden Sie Empfindungen, die zunächst unscheinbar, undeutlich und schwer unterscheidbar erscheinen. Manchmal wird diese innere Empfindungswelt durch deutliche Gefühls-, Schmerz- oder Spannungsempfindungen oder durch innere Dialoge überdeckt.

Auch kann es gut sein, dass Sie erstmals auf eine bestimmte Gefühlslage stoßen, die wie unter dem Alltagsbewusstsein vorhanden ist. Solche Stimmungen könnten typischerweise eine bestimmte Art von Einsamkeit, Hektik, Unruhe, Traurigkeit, Bedürftigkeit sein. Meist sind es Stimmungen, die Sie im Alltag nicht wahrnehmen und die Sie vielleicht zu allen möglichen Aktivitäten antreiben, um ungespürt zu bleiben. Vermitteln möchte ich Ihnen: Der Weg nach innen führt nicht zwangsläufig und direkt zu Glücksgefühlen und Erleuchtung.

Immer wieder mag die erste Kontaktaufnahme zu sich selbst Ihnen grau, dumpf, chaotisch, bedrohlich oder nichtssagend vorkommen und doch, wie an einem frühen Morgen langsam die Morgensonne die Landschaft erhellt und ihr Konturen verleiht, kann sich auch Ihre innere Erlebenswelt in eine Landschaft verwandeln. Dabei braucht es von Ihnen vor allem Verweilen mit dem, wie es gerade ist – ohne einzugreifen, zu diskutieren, ohne zu bewerten, ja sogar ohne in Worten zu beschreiben.

So entwickelt sich allmählich eine differenzierte innere Welt, vergleichbar einer Landschaft: Hier fließt ein Fluss, da liegt ein Hügel, dort versperrt ein Felsbrocken den Weg. Vielleicht erleben Sie diese „innere Landschaft" weniger visuell, sondern mehr als differenzierte Gefühls- und Empfindungswelt, oder als Körperspürwelt – wie auch immer, nehmen Sie an, was immer geschieht.

Dieses Gewahrwerden geht eigentlich immer und an jedem beliebigen Ort. Sie können dazu die Augen ein wenig oder ganz schließen, damit Sie weniger von der Umwelt abgelenkt sind. Dann geben Sie Ihre Achtsamkeit in den Körper und warten – nicht auf etwas Bestimmtes; bleiben Sie einfach nur bei dem, was sich in Ihnen von alleine meldet – was es auch immer sein mag.

Sollten Sie sich 3 bis 20 Minuten Zeit nehmen und nichts anderes als dieses innerliche Gewahrwerden ausprobieren, so können Sie, kurz bevor Sie damit zu Ende kommen, nochmals nachspüren, wie es sich jetzt im ganzen Körper, insbesondere im Brust- und Bauchraum, anfühlt. Es kann gut sein, dass Sie auch nach einer etwas zähen Zeit des Sich-selbst-Aushaltens und Bei-sich-selbst-Bleibens tatsächlich einen kleinen Erlebensunterschied feststellen können.

Diese erste Kontaktaufnahme braucht nicht unbedingt unangenehm zu sein. Wenn eintritt, was ich Ihnen wünsche und was auch recht wahrscheinlich ist, fühlen Sie sich sogleich wohl und entspannt und so, als ob jeder Atemzug, den Sie wahrnehmend begleiten, Sie näher zu dem Gefühl, bei sich selbst zu sein, hinträgt.

Beim Schreiben über diese innere Welt, über das Finden eines Wohlfühl-Orts im Körper, ist für mich wichtig, darauf zu vertrauen, dass wir alle, dass Sie wissen, was mit dem Spüren des Wohlbefindens gemeint ist. Ganz gleich, wie es Ihnen im Moment ergehen mag, Sie haben eine Erinnerung an dieses Wohlbefinden, Ihr Körper kennt diesen Zustand des inneren Wohlseins.

Erlauben Sie sich öfter dieses Gefühl, so wird sich Ihr Leben von alleine dahin bewegen, wo Sie eigentlich mit sich sein wollen.

Der Grund für das Wohlfühlen ist unsere Lebendigkeit. Ihr Atem möchte atmen, Ihr Herz möchte schlagen, Ihr Körper möchte sich wohlfühlen. Mit diesem Leben-Wollen zu verweilen bedeutet, sich mit der eigenen Lebendigkeit wohlzufühlen. Die Übung besteht darin, den Problemen, den Schmerzen, was auch immer für eine Zeitlang bewusst die Aufmerksamkeit zu entziehen und mit der Lebendigkeit des Körpers zu gehen. Und so möchte ich Sie ermutigen, immer wieder Ihr eigenes Wohlbefinden – Ihre Lebendigkeit – zu entdecken. Dabei werden Sie eigene Wege finden, die Sie zu einem tieferen Wohlbefinden führen, und Sie werden lernen, die Störungen auf diesem Weg mehr und mehr zu akzeptieren. Sie werden Ihre eigene Art und Weise finden, diese Störungen immer mehr anzunehmen, ihnen einen inneren Raum zu geben und sie damit wiederum in einem Raum des Wohlbefinden aufzuheben.

Das klingt doch gut, dieses „immer mehr, immer besser" – oder? Wir sind alle dahin unterwegs, doch gibt es keinen Grund, damit in einen Wohlfühlstress zu verfallen. Die wenigen Menschen, die dieses Wohlfühlen als Dauerzustand erfahren, sitzen wahrscheinlich in einer Höhle am Himalaja, und das will ich nicht, Sie wahrscheinlich auch nicht. Also, lassen Sie uns so viel vom Wohlfühlen nehmen, wie für unser Leben machbar ist.

Kapitel 3
Unsere sinnliche Wahrnehmung

Während des Lesens bitte ich Sie, Ihre Umwelt mit Hilfe Ihrer Sinne zu erschließen.

Nehmen Sie ganz einfach wahr, was um Sie herum gerade vor sich geht. Sie können mit Ihren Augen schauen und bemerken: „Ah, ich sehe gerade (was?) …“ (Sie können auch gerne den Blick über das Buch heben) und: „jetzt sehe ich …“ Machen Sie ein kleines Wahrnehmungsspiel: bewusst wahrnehmen und sich vergegenwärtigen: „Jetzt sehe ich Folgendes …“ Nun können Sie dieses Spiel verändern in Hören: „Ich höre gerade…“ Nehmen Sie bewusst die akustische Welt um sich herum wahr: „Jetzt höre ich …“ usw., dann können Sie zum Riechen übergehen: „Ich rieche im Moment …“ und jetzt: … und jetzt: … usw. Nun könnten Sie zum körperlichen Spüren übergehen: „Ich nehme Wärme/Kälte wahr (wie?) …“, „Ich spüre die Unterlage als …“, „Das Buch in meiner Hand wie … und jetzt … – (Spüren Sie Ihren Atem?)“ usw. Jetzt könnten Sie sich in den gesamten Körper nach einem Insgesamt-Gefühl fragen: „Insgesamt fühle ich mich …“ und wieder: Wie ist Ihr Insgesamt-Gefühl jetzt? usw.

Diese Übung können Sie mit jedem Sinnesorgan ruhig eine kleine Weile machen. Sie werden dabei da ankommen, wo Sie gerade sind. Sie werden Ihrer selbst als eines lebendigen Organismus gewahr. Sie können die Übung eigentlich in jeder beliebigen Alltagssituation durchführen, um damit wieder zu sich zu kommen, da zu sein, wo Sie gerade mit sich sind, sich darüber klar zu werden, was los ist, und sich zu zentrieren. Diese Übung wirkt wie ein Update in Computerprogrammen: Sie werden sich Ihrer gegenwärtigen Gegenwart neu bewusst.

Allgemeiner möchte ich bei dieser Übung die Wahrnehmung der Umwelt hervorheben: Sie nehmen Ihre Welt durch Ihre Sinne wahr. Durch die Sinne kommt die Welt zu Ihnen.

Exkurs über die Wahrnehmung

Wenn Sie sprechen, erzeugen Sie beim Ausatmen mit diesen Dingern, die wir Stimmbänder nennen, ganz geschickt und gezielt Schallwellen. Diese Schallwellen versetzen das Gas, das uns umgibt und das wir gemeinhin Luft nennen, bis zu einer bestimmten Entfernung in Schwingungen. Ein menschliches Trommelfell wird von diesen Schwingungen bewegt und übersetzt einige dieser Schwingungen in neuronale Impulse. Die wiederum werden im Gehirn von verschiedenen spezialisierten Regionen zu dem zusammengebaut, was wir Hören nennen. Die Sprache machen nicht Sie als Sprecher, sondern sie entsteht im Gehirn Ihres Zuhörers – Sie produzieren nur Schallwellen.

Alles, was Sie erleben, was Sie von Ihrer Umwelt als Realität wahrnehmen, wird in Ihrem Körper erschaffen. Also: Dieses Phänomen, das Sie jetzt hören oder sehen, ereignet sich in Ihrem Körper und Gehirn. Mit unseren Sinnen tasten wir die Umwelt ab wie die Fledermäuse und in unserem Gehirn entsteht nach einem ganz bestimmten Regelwerk ein Umweltentwurf, der mehr oder weniger realitätsdienlich ist. Diese Welt entsteht über unsere konkrete, menschliche, sensorische Ausstattung. Verfügten Sie über die sensorische Ausstattung eines Regenwurmes, würden Sie sich wohl eine andere Welt erschaffen.

Wir fühlen körperlich, sehen mit den Augen, hören mit den Ohren, und doch ereignet sich alles im Körper und Gehirn. Es ist so ähnlich wie bei einem Piloten, der sein Flugzeug im Blindflug durch die Nacht steuert: Er hat seine Instrumente (seine sensorische Ausstattung) und mit ihrer Hilfe kommt er sicher am Zielort an. Seine Orientierung gewinnt er über seine Instrumente. Was da draußen sonst noch alles los ist, davon hat er keine Ahnung.

Alles, was sich (für uns) ereignet, ereignet sich in uns und wird von unserer inneren Ausstattung interpretiert. Jede Erfahrung ist subjektiv gedeutete Erfahrung. Dieses Wissen war lange ein Geheimnis westlicher und östlicher Mystiker. Vielleicht ist es Ihnen eine kurze Betrachtung wert, dass alles, was Sie jetzt erleben, in Ihnen selbst stattfindet und erschaffen wird: Aus bestimmten Lichtwellen, „macht“ Ihr Körper Farben, er wertet diese in seinen bekannten Mustern aus, als „Buch“, „Nase“, „Vorhang“, „gegengeschlechtliches Wesen“. Die Erscheinung der Realität ist eine menschlich erschaffene Wirklichkeit. Das deutsche Wort „Wirklichkeit“ erschließt wie von selbst seinen Sinn: Es hat mit Wirken zu tun, hier bedeutet es: „Etwas wirkt auf mich ein.“ Über dieses „Etwas“ können wir keine direkten Aussagen treffen. Mit unserem menschlichen sensorischen System (unserer Hardware) erzeugen wir unsere eigene „Benutzerillusion“ von dem, was auf uns durch Schall- und Lichtwellen einwirkt. So bleibt das Geheimnis offen, was sonst noch, außerhalb unserer Wahrnehmung, an Wirklichkeiten in uns und um uns herum vorhanden sind.

Wahrnehmungsübung für Fortgeschrittene:
Jetzt möchte ich Sie einladen, in dieser Perspektive sich und die gerade gegebene Welt um sich herum wahrzunehmen.

Vielleicht haben Sie Lust, das Buch kurz zur Seite zu legen und nochmals mit dem „Wahrnehmungsspiel“ „Ich sehe ...“; „Ich höre ...“ zu experimentieren. Nun aber mit dem Unterschied, dass Sie die einzelnen „Wahrnehmungsgegenstände“ (visuell, akustisch etc.), nicht außerhalb von sich lokalisieren. Das bedeutet am Beispiel dieses Buches vor Ihren Augen: Tun Sie mal so, als ob Sie ein „Ich weiß nicht genau, was es ist“ wahrnehmen würden, jedenfalls Materie, bestehend aus einem Verbund aus Milliarden zusammengepresster Atome und Moleküle. Halten Sie dabei eine kurze Zeit für wahr, dass dieses Ding vor Ihren Augen über die Lichtwellen erst in Ihnen zu dieser für Menschen spezifischen Form und dieser Farbe und Oberflächenbeschaffenheit kommt. Und dass Sie nie wissen können, wie es da draußen auf andere Weise erscheinen könnte, z. B. einem Regenwurm, einem grünen Marsmännchen ... Nehmen Sie wahr, wie sich Ihre dabei wahrgenommene Wirklichkeit anfühlt ...

Dabei können Sie eine fragende Haltung einnehmen: „Wenn ich mich so wahrnehme, wie wirkt das auf mich?“ – „Welches Lebensgefühl entsteht dabei in mir?“, und vielleicht: „Was brauche ich, um mich in diesem Lebensgefühl wohl und sicher zu fühlen?“.

Tun Sie so, als hätten Sie die Rede des Zenmeisters begriffen, der zu seinem Schüler sagte: „In dir ist die ganze Welt – und sonst gibt es keine.“

Nehmen Sie sich ruhig die Zeit, die Ihnen gut tut, hier zu verweilen; spielen Sie ein bisschen mit dieser Art von Wahrnehmung und Lebensgefühl …

Sie können jetzt gleich die Übung mit der veränderten, nach innen verlagerten Perspektive ausprobieren:

„Aha, ich sehe gerade (was?) … “ (Sie können auch gerne den Blick über das Buch heben). Nehmen Sie bewusst wahr und vergegenwärtigen Sie sich: „Jetzt sehe ich Folgendes …“, lassen Sie sich in der veränderten Perspektive Zeit: „Jetzt kreiert sich dieser Wahrnehmungsgegenstand in mir. Mein Körper, mein Gehirn, meine Synapsen erschaffen gerade in meinem Körper, in mir, dieses Bild. Dieses Bild von … ist meine subjektive Erscheinung von dem da draußen.“

Nun können Sie dieses Spiel mit dem Hören ausprobieren. „Ich höre gerade dieses …“ Nehmen Sie bewusst die akustische Welt um sich herum wahr: „Jetzt höre ich …“ Lassen Sie sich erneut Zeit, nehmen Sie das wissenschaftliche Bewusstsein mit in die Wahrnehmung: „Da sind akustische Wellen in der Luft, die in mir, für mich, zu diesem Hör-Klang-Bedeutungsereignis werden“ (sollte Ihnen bei der Übung schwindlig werden, machen Sie etwas langsamer oder hören damit auf), dann können Sie zum Riechen übergehen: „Ich rieche im Moment …“ Lassen Sie eine kleine Zeit wahr sein, dass hier nur Duftstoffe und Gase um Sie herum sind, die Ihre Nase aufnimmt und die im Gehirn in Geruch mit all seinen gefühlsmäßigen Bedeutungen übersetzt werden.

Nun können Sie zum körperlichen Spüren übergehen: „Ich nehme Wärme/Kälte wahr (wie?) …“, Ihr Körper ist Berührung mit der Umwelt, Ihre Sensoren, die Nervenenden vermitteln ein bestimmtes Muster, welches von Ihrem Körper in sinnliche Wahrnehmung übersetzt und dann z. B. als „Ich spüre die Unterlage" gedeutet wird. Lassen Sie sich Zeit, diesen Bahnen etwas nachzugehen.

Jetzt könnten Sie sich in den gesamten Körper nach einem Insgesamt-Gefühl fragen: „Insgesamt fühle ich mich: …"

Bemerken Sie einen Unterschied? Fragen Sie sich: „Welches Lebensgefühl entsteht dabei in mir?" und vielleicht: „Was brauche ich, um mich in diesem bestimmten Lebensgefühl wohl und sicher zu fühlen?"

Nehmen Sie sich ruhig die Zeit, die es Ihnen gut tut, hier zu verweilen, spielen Sie mit dieser Art von Wahrnehmung und Lebensgefühl.

Andere Kulturen, Männer, Frauen, Kinder, Wissenschaftler, Künstler, …, alle Individuen nehmen ihre eigene Wirklichkeit war, kreieren und erheben diese dann zur objektiven Realität. Aus unserer eigenen Wirklichkeit, unserer persönlichen Erfahrung heraus handeln und kommunizieren wir mit der Welt, die wir erfahren.

Diese Sichtweise könnte Sie ermutigen, sich von der Vorstellung einer objektiven Realität zu verabschieden und damit das eigene Erleben als subjektive Wirklichkeit ernster zu nehmen. Über diese Sichtweise können Sie, mit postmodernem Lebensgefühl, alle Wahrheiten relativieren und zu einer Wahrheit in Klammern umdeuten: (Wahrheit). Wahr für wen? Wahr unter welchen Umständen? Wem nützt diese Wahrheit? Was verdeutlicht diese Wahrheit?

Alles das, was mit dem Anspruch der Wahrheit auftritt, steht dann nicht mehr mächtig über Ihnen, sondern Sie sind berechtigt, damit umzugehen und danach zu fragen, welche Wahrheit Ihnen tatsächlich gut tut und welche Ihr Leben bereichert.

Die inneren Sinne

Jetzt sind Sie eingeladen, sich eine Ihrer schönsten Urlaubssituationen vorzustellen, einen Ort, mit dem Sie besonders gute Gefühle verbinden oder an dem sich sonst etwas für Sie besonders Angenehmes ereignet hat.

Bevor Sie beginnen, nehmen Sie noch kurz Ihre Ausgangslage wahr. Falls Sie in Gedanken sind, achten Sie spürend darauf, wie sich dieses ganze Denken im Kopf anfühlt, welche Körperatmosphäre diese Gedankenwelt bewirkt. Wie nehmen Sie Ihre „Bodenhaftung" wahr? Ihre Füße am Boden, Ihr Rücken an der Lehne, Ihr Gesäß auf dem Stuhl (hoffentlich bequem), die an den Nasenflügeln vorbeiziehende Luft – lassen Sie sich Zeit dabei. Eine wichtige, notwendige Voraussetzung, um in die innere Welt zu gelangen, ist die Verlangsamung … Nehmen Sie einfach spürend wahr …

Jetzt könnten Sie in Richtung Ihrer Körpermitte fragen: „Wo ist es jetzt gerade angenehm in mir, wo ist mir wohl?" Warten Sie passiv-neugierig darauf, wo immer jetzt gerade Ihr Wohlfühlort langsam auftaucht … Wenn Sie dann dort angekommen sind, könnten Sie Ihren Atem mit an diesen guten Ort nehmen und mit dem Atem diesen Ort gewissermaßen betreten… ., …, … . Lassen Sie Ihren Atem in dieses spezielle Wohlbefinden streichen. So, als ob Sie im Atemrhythmus an Ihrem guten Ort schaukeln würden. So eine Art Atemschaukel … Genießen Sie, seien Sie in Ihrem Körper und spüren Sie die ganze Gefühlsqualität des Wohlbefindens. Spüren – nicht denken, einfach dabeibleiben. Seien Sie wie ein Tier, z.B. eine Katze, die sich in der Sonne räkelt (Sie können ruhig dazu schnurren).

Jetzt sprechen Sie in die Mitte dieses körperlichen Wohlbefindens in fragendem Ton: „Meine schönste Urlaubssituation?" oder: „Mein schönster Ort?" und warten Sie, welches Bild in Ihnen auftaucht … Verweilen Sie, bis aus dem vielleicht vagen Bild eine konkrete Situation entsteht.

Woran bemerken Sie, dass diese Erinnerung jetzt in Ihrem Erfahrungsraum aufgetaucht ist? Wie sehen, hören, riechen, ahnen oder wissen Sie, dass diese Erinnerung jetzt in Ihrem Erlebensraum gegenwärtig ist? Über welchen Wahrnehmungskanal vergegenwärtigt sich gerade diese Erinnerung?

Diese Erinnerung können Sie erweitern und intensivieren, indem Sie die verschiedenen inneren Wahrnehmungssinne mit dazunehmen. Ihre Erfahrung kann sich vervollständigen und noch sinnlicher werden:

Gehen Sie dazu wieder zu Ihrer angenehmen Erinnerung:

Schauen Sie sich mit Ihrem inneren Auge um. Sie könnten sich fragen, je nachdem, was passt: „Welche Farben sehe ich?", „Was ist im Vorder- und Hintergrund?", „Wie sind die Entfernungen?", „Was fällt mir besonders auf?", „Wie wirken einzelne Farben, z.B. das besondere Blau des Meeres?"
(Visuelle Wahrnehmung)

Gleichzeitig können Sie vielleicht die Situation hören: Welche Geräusche sind in dieser erinnerten Erfahrung? Hören Sie ihnen ein wenig zu. Falls Stimmen dabei sind, welchen Klang haben diese? Von wo kommen die Geräusche?
(Auditive Wahrnehmung)

Währenddessen können Sie vielleicht Ihr Körpergefühl, Ihre Körperempfindungen entstehen lassen. Wie ist Ihr körperliches Gesamtgefühl?
(Körperwahrnehmung)

Vielleicht empfinden Sie jetzt ein Gefühl, das Sie damals hatten?, Welche Qualität hat das Gefühl?, Welche Intensität?, Liegt in dem Gefühl eine Sehnsucht?, Welche Hintergrundstimmung ist in der Situation dabei? Welche Wertung liegt in dem Gefühl (angenehm – unangenehm)? Vielleicht auch: Welches Gefühl haben Sie in dieser Situation nicht spüren wollen?
(Emotionale Wahrnehmung)

Können Sie die Situation riechen? Riecht Sie angenehm oder unangenehm? Können Sie einen besonderen Duft ausmachen?
(Olfaktorische Wahrnehmung)

Nach was schmeckt die Situation? Schmecken Sie den Geschmack auf der Zunge? Ist er angenehm oder unangenehm? Süß oder Sauer? Nach was schmeckt Ihre Situation?
(Gusttative Wahrnehmung)

Gleichzeitig können Sie jetzt die Gedanken der Situation erinnern: Welche Erkenntnis liegt in der Situation? Welche Bedeutung hat sie? Was bedeutet diese Situation für Sie?
(Kognitive Wahrnehmung)

Manche dieser Erlebensdimensionen werden sich wahrscheinlich leichter, andere gar nicht finden lassen. Vielleicht sehen und hören Sie nichts, oder Sie fühlen und die Gedanken kommen nicht ... trauen Sie einfach dem, was Sie wahrnehmen und lassen Sie bleiben, was sich unbequem oder sogar anstrengend anfühlen würde.

Während Sie Ihre Erinnerung noch vergegenwärtigt halten, können Sie auch fragen: „Wie ist es jetzt hier (z. B. auf meinem Stuhl), während ich diese erinnerte Erfahrung habe?" „Was löst diese Erinnerung jetzt hier in mir aus?" Pendeln Sie also von den Erfahrungen in der Erinnerung in Ihre jetzige Gegenwart und spüren Sie, was diese Erinnerung jetzt in Ihnen auslöst. Vielleicht fühlen Sie sich dadurch gestärkt – oder Sie spüren den Impuls alles hinzuschmeißen und wollen sofort wieder in Urlaub fahren, oder ... Lassen Sie entstehen, was auch immer meldet. Dabei können Sie in Ihren Körper (Richtung Brust und Bauch) die Frage stellen: „Wenn diese ganze Erinnerung sprechen könnte, was würde sie mir sagen, welche Botschaft hätte sie für mein jetziges Leben? Warten Sie geduldig mit dieser inneren Anfrage; vielleicht entsteht ein Wort, ein Satz, eine Ahnung, vielleicht auch ein Bild, ein Gefühl, eine Impuls? ... „Was würde mir diese ganze Erinnerung jetzt mitteilen?" Falls etwas entsteht, nehmen Sie es entgegen und spüren Sie diese Antwort in sich ... fühlen Sie, wie diese Antwort in Ihrem Körper wirkt.

Innerer Erlebensraum

Sie haben innere Augen, innere Ohren, Sie können sich im inneren Erlebensraum genauso das große Meer wie den Mikrokosmos vorstellen, Sie haben Zugang zu Ihrer eigenen Vergangenheit und auch die Zukunft können Sie sich, je nach Stimmung, in dunklen oder hellen Farben ausmalen. Im inneren Erfahrungsraum ereignen sich die Träume in der ihnen eigenen Intensität und Bedeutsamkeit. Hier ist der Ort, an dem Sie Ihre inneren Haltungen entdecken und sich von innen her verändern können – in diesem Raum findet Ihr persönlichstes Leben statt. Christliche wie östliche Mystiker behaupten, dass zutiefst in uns sogar so etwas wie das große Geheimnis oder Gott zu finden sei.

Bildlich gesprochen, handelt es sich dabei um den Orchesterraum. Hier sitzen die Musiker, arbeiten und schwitzen, hier wird der eigentliche Taktstock geschwungen. Und wenn Ihnen die Musik nicht gefällt, die Ihr Leben spielt, dann ist hier der Ort, an dem Sie sein sollten. Sich nur über die Musik zu beschweren, andere Noten aufzulegen, andere Konzertbesucher einzuladen oder neue Werbestrategien zu entwickeln nützt vielleicht wenig.

Bitte missverstehen Sie den Begriff „Raum“ nicht im Sinne von „Begrenzung“, im Sinne von Wänden, Boden und Decke. Der Begriff Erlebens„raum“ braucht die Dimensionen eines geöffneten, weiten, unendlichen Raumes, um die Bedeutungen und Möglichkeiten inneren Erlebens zu tragen. Verstehen Sie unter „Erfahrungsraum“ so etwas wie innerer „Erfahrungsweltenraum“ oder wie Rainer Maria Rilke es nannte: den Weltinnenraum.

Der Übergang von innerem und äußerem Erlebensraum

Bevor ich weiter mit Ihnen den inneren Erlebensraum erforsche, will ich bei dem Übergang von innerem und äußerem Erlebensraum innehalten. Eine alltägliche Situation, in der Ihnen beide Räume gleichzeitig zugänglich sind, ist das einfühlende und verstehende Gespräch mit Partner, Kollegen, Freunden. Sind Sie im Gespräch mit jemanden, nehmen Sie selbstverständlich wahr: „Da sitzt jemand, die andere Person, im äußeren Erlebensraum vor mir.“ Während Sie zuhören und Ihre Aufmerksamkeit der anderen Person schenken, vollziehen und „konstruieren“ Sie die fremde Situation in sich nach. Carl Rogers, der Begründer der klientenzentrierten Psychotherapie, spricht sogar von einem „Als-ob“: Es ist, als ob wir uns selbst in der erlebten und gefühlten Welt des Anderen mit allen ihren Bedeutungen aufhalten und bewegen würden. So können Sie die (innere) Situation dieser Person in sich sehen, spüren, hören, mitempfinden oder auch riechen. Diese inneren Ereignisse würden wir dem inneren Erlebensraum zuordnen. Sich innerlich berühren lassen, sich einfühlen in den Anderen braucht etwas Zeit, bis es in Ihnen entstehen kann. Es erfordert die Langsamkeit des inneren Hinspürens, Einstimmens und Mitdenkens. Sind Sie im Zuhören aufmerksam, können Sie sich innerlich fragen hören: „Das kann ich nicht nachvollziehen, wie war/ist das genau?“ oder einfach: „… und wie hat er dabei geschaut, was hat sie dann gesagt?“ Sie leben in der Erfahrung der anderen Person mit und vervollständigen Ihr inneres Bild.

Inneres Mitvollziehen bezeichnen wir als „Verstehen“ - wir alle haben ein ziemlich gutes Gespür dafür, ob uns die andere Person „wirklich“ versteht oder nur oberflächlich von außen zuhört, ob sie sich innerlich in unseren Erlebensraum einlässt oder uns doch draußen vor der Tür lässt. Nachvollziehendes Zuhören ist wie ein Geschenk, das wir anderen geben oder auch von ihnen bekommen können. Der Philosoph Wilhelm Dilthey (1833–1911), einer der Vordenker der humanistischen Therapie, meint, Verstehen sei eine allgemein menschliche Fähigkeit, ohne die kein Mensch lebensfähig wäre, ein Vorgang, der das von außen Wahrgenommene durch innere Ergänzungen nacherlebbar macht.

Die Neurobiologie der 90er Jahre hat die so genannten Spiegelneuronen entdeckt, einen Aspekt der „Hardware“ für das Verständnis von Empathie. Spiegelneuronen sind Nervenzellen, die bei der Wahrnehmung von Gefühlszuständen eines anderen Menschen die gleichen Potenziale im eigenen Gehirn auslösen. Sie versetzen den Zuhörenden in die gleiche mentale Lage und produzieren einen ähnlich erlebten Gefühlszustand.

Sind Sie im Zuhören geübt, werden Sie immer mehr die innere Fähigkeit entwickeln, mit Ihrer Achtsamkeit von der erzählenden Person weg und hin zu Ihrem eigenen inneren Erleben zu pendeln. Dann können Sie sich mehr und mehr erlauben, das Gehörte etwas in Ihnen selbst kreieren zu lassen und dieses, wie es bei Ihnen ankommt (Ihr Verstehen) der erzählenden Person wieder zu Verfügung zu stellen. Je tiefer Sie die andere Person in sich hineinlassen, desto wesentlichere Aspekte werden Sie von der Welt der anderen Person begreifen und desto einfacher ist es, auch in sich selbst daraus Ideen entstehen zu lassen, die dem, was der andere erzählt, angemessen sind.

Sie lassen gewissermaßen das Pendeln Ihrer inneren Achtsamkeit hin und her schlagen – von der erzählenden Person hin zu Ihrem eigenen Erleben. Sie können mit einem beliebigen Menschen ausprobieren, was sich verändert, wenn Sie sich im Gespräch den inneren Raum nehmen, auch sich selbst zu erspüren und das, was Sie verstehen, genau zu nehmen: „Ich verstehe, dass du da gerade …", „Bei mir kommt an, dass du …" Solche und ähnliche Antworten könnten aus dieser inneren Tätigkeit entstehen.

Sie können einen Schritt weiter gehen und Ihre Achtsamkeit noch etwas tiefer in Ihren Erlebensraum pendeln lassen: Während Sie aufmerksam zuhören, können Sie sich bewusst fragen: „Und wie wirkt das alles auf mich?" So könnte aus Ihrem Inneren eine Antwort zu der anderen Person entstehen. Daraufhin könnten Sie sinngemäß etwa sagen: „Ich habe verstanden, dass …, und in mir entsteht folgendes Bild/Gefühl … Passt daran was für dich?"

Im verstehenden Gespräch pendeln Sie mit Ihrer Aufmerksamkeit andauernd zwischen Ihrem eigenen inneren Erlebensraum und dem äußeren Erlebensraum der real vor Ihnen sitzenden Person hin und her. Sie vergleichen Ihre innere Wahrnehmung mit dem, wie sich die andere Person selbst versteht.

In Ihrem inneren Erlebensraum erschaffen sich – wie auch immer – Situationen anderer Menschen, Phantasien (auch richtig schöne), Vorstellungen, Erinnerungen, Kopfrechnen, Zukunftsvorstellungen, innere Dialoge, Ihre höchsten und entsetzlichsten Stimmungen. Dieser Raum ist Ihre subjektive Welt und zugleich die Basis Ihrer äußeren Identität. Gedanken sind frei. Auch die besten Spiegelneuronen können Ihren inneren Erlebensraum nicht abhören. Ihre innere Welt ist, wenn überhaupt, nur Ihnen persönlich zugänglich und anderen nur über das Geschenk der Aufmerksamkeit und des einfühlenden Verstehens.

Vielleicht bekommen Sie bei einem der nächsten Gespräche Lust, auf dieses innere Geschehen zu achten und dabei die oben beschriebene Pendelbewegung bewusst auszuprobieren.

Innen und außen: ein Erlebensraum

Sie kennen sicher auch die beglückenden Augenblicke, in denen Sie ganz da und alle Ihre Sinne vollkommen wach sind. Dabei erfahren Sie, wie es ist, wirklich mit sich stimmig im eigenen Körper zu leben, die Kraft der Liebe zu verspüren und gleichzeitig in den Gefühlen wie im Verstand klar und besonnen zu sein. In diesen Momenten begreifen Sie etwas davon, wie es ist, so selbstverständlich Mensch zu sein wie ein Baum ein Baum ist. Zu sein „wie ein Baum an den Wasserbächen gepflanzt ist und seine Frucht bringt zu seiner Zeit und seine Blätter verwelken nicht" (Psalm 1). Dann ist alles ganz da, ganz Natur, auf wesentliche Weise nahe und verbunden, es muss nichts getan werden, alles ist schon enthalten – das Wissen des Baumes um seine Früchte und die Bestimmung des Baches hin zum Meer. Alles ist ganz einfach und ganz aufgehoben in diesen Augenblicken. „Es" fließt ohne unser Zutun und wird als Geschenk erfahren.

Falls Sie jetzt nach früheren Erfahrungen dieser Art suchen, dann denken Sie bitte nicht nur an spirituelle Erfahrungen. Auch im ganz gewöhnlichen Alltag kann diese Sicht eines Kindes für Sie aufblitzen.

Manchmal bekommen Sie in solchen Augenblicken Sinn und Ziel für Ihr Leben geschenkt. Nicht immer wird es das sein, was Sie sich wünschen, aber wenn sich dieser Sinn unerwartet auftut, dann kann das enorme Kraftreserven freisetzen. In der Sexualität ist uns ein besonderer Zugang zu dieser Erfahrungsdimension möglich. In der freien Begegnung mit einem anderen Menschen werden die Körper zu einer Harmonie: Vergessen ist, wer ich bin, es ist nur noch Sein. Nur Existenz, liebend und spielerisch eins mit einer andern Existenz. Vergangenheit und Zukunft haben sich aufgelöst.

Manchmal schenkt uns ein Blick, eine Blume, ein Berg, das Meer wie für Momente – Bruchteile einer Sekunde – diese innere und äußere Einheit. In diesem Jetzt sind Sie mit sich selbst und zugleich mit dem „Außerhalb" verbunden. Innen und außen haben sich aufgelöst. Diese Erfahrung, die den äußeren und inneren Kosmos zugleich verbindet und erfüllt, lässt sich leider nicht willkürlich herstellen, wenngleich sie zu den schönsten Aspekten unseres Menschseins gehört. Falls Sie meditieren, wird Ihnen das passive Warten auf solche Momente bekannt sein: ganz Atem zu sein, ganz im wiederholten Satz aufzugehen ..., ganz eins zu werden.

Vielleicht sind Sie jetzt angeregt, etwas innezuhalten und sich einen Ihrer besonderen Momente zu vergegenwärtigen und etwas aufzutanken, bei sich zu sein. Diese Momente sind nicht verschwunden, Sie können Sie aus der Schatztruhe Ihres Lebens immer wieder herausheben und sich erneut daran erfreuen wie an einem wertvollen Schmuckstück.

Kapitel 4
Innere Achtsamkeit

Bisher habe ich Sie ganz selbstverständlich aufgefordert: „Nehmen Sie Ihre Aufmerksamkeit in Richtung Brust und Bauch und warten Sie eine kleine Weile auf das, was Ihnen von innen auch immer entgegen kommt.“ Achtsamkeit meint, Sie setzen sich mit Ihrem (vielleicht noch gar nicht wahrnehmbaren) inneren Erleben in Verbindung, Sie geben Ihre Aufmerksamkeit in den Körper, spüren Ihren Körper von innen.

Achtsam zu sein bedeutet, alles, was im eigenen Erleben auftaucht, wahrzunehmen und willkommen zu heißen. Sie nehmen dabei eine innere Haltung ein, die alle auftauchenden Gefühle, Bilder, Körperempfindungen, ob angenehm, ob schmerzlich, kurz begrüßt: „Ah, du bist auch da.“, „Du gehörst auch zu mir.“ Sie bereiten dem, was in Ihnen wahrnehmbar wird, einen freundlichen Empfang in Ihrer Welt. So als würden Sie als gute Mutter/guter Vater diesem „neugeborenen“ Erleben liebevoll seine Daseinsberechtigung zusprechen.

Das ist natürlich leichter gesagt als getan. Achtsamsein bedeutet einigen tief eingeschliffenen Gewohnheiten nicht mehr nachzugeben: wahrnehmen – ohne zu bewerten, ohne zu analysieren und zu deuten, ohne das Wahrgenommene abzutun und auch ohne es in Sprache bringen zu müssen. Darüber hinaus braucht Achtsamsein ein Verweilen ohne Absichten, Ziele und Zwecke. Es braucht die Haltung der so genannten Absichtslosigkeit. Sie sind einfach da, mit dem, was Sie wahrnehmen.

Sie bemerken wahrscheinlich: Innerlich achtsam sein bedeutet, in einer ganz bestimmten Weise mit sich, dem inneren Erleben eine kleine Zeit zu verbringen. Es meint ein bestimmtes „wie“ ich mit mir selbst bin. In diese einfache, freundlich-neugierige Zuwendung zu sich selbst sind ganze Psychologien eingefaltet.

Einzelne wichtige Aspekte der Inneren Achtsamkeit möchte ich gerne mit Ihnen experimentell entfalten: liebevolles Annehmen, innere Dialogbereitschaft, Absichtslosigkeit, innere Bezugspunkte, Aufmerksamkeit.

Liebevolles Annehmen

Die Dimension der Achtsamkeit, das körperlich gespürte liebevolle Annehmen innerer Gefühle, Bilder, Körperempfindungen finde ich am reinsten im „inneren Lächeln“ aus dem QiGong. Diese Übung (in Variationen) soll Jahrtausende alt sein und öffnet die Meridiane des gesamten Körpers. Im Tao-Yoga wird das „Innere Lächeln“ als Basis für jede Selbstheilung betrachtet.

Falls Sie dazu bereit sind, lade ich Sie ein, diese Übung jetzt auszuprobieren:

Inneres Lächeln

Egal wie Sie sitzen oder liegen, machen Sie es sich für eine Zeit von etwa 10 Minuten bequem.

Sie könnten Ihre Zehen kurz anziehen und loslassen, Ihre Wirbelsäule leicht wippen lassen oder bewegen, Ihre Zunge im Mund liegend spüren; wahrnehmen, wo Ihre Zungenspitze die Zahnreihe berührt, Ihre Augen vielleicht kurz schließen und von innen körperlich wahrnehmen, den Atem an Ihren Nasenflügeln vorbeiziehen spüren und mit dem Atmen die Aufmerksamkeit in den Körper geben … Bleiben Sie bitte etwas bei der von innen gefühlten Atembewegung.

Schenken Sie Ihrem Gesicht ein liebevolles Lächeln – ein Lächeln, wie es spontan entsteht, wenn ein kleines Kind Sie „einfach so“ anlächelt. Vielleicht sehen Sie so ein Strahle-Kind vor Ihrem inneren Auge: Es lacht vor lauter Freude am Leben. Falls Sie gerade an einem Ort sind, an dem Sie Mund und Augen nicht so richtig zum Lächeln bringen wollen, reicht es schon, wenn Sie ein sanftes Mikro-Lächeln um Mund- und Augenwinkel platzieren, das mehr nach innen spürbar als nach außen sichtbar wird. Jetzt sind Sie eingeladen, dieses Lächeln sich selbst zu schenken … Lächeln Sie mit diesem liebevollen

Blick Ihrem eigenen Herzen zu, geben Sie Ihrem Lächeln im Gesicht die Richtung zum Herzen … und nehmen Sie einfach wahr.

Sie können in Richtung des Herzens auch einen sanften liebevollen Atem dazugeben.

Atmen Sie lächelnd … sanft zum Herzen. Lassen Sie sich Zeit. Sie können auch die Augen dabei schließen und nur spüren … Nehmen Sie jetzt noch goldenes Licht und strahlende Liebe dazu … Erneuern Sie hin und wieder Ihr Lächeln, um die Augen, die Mundwinkel, … Schenken Sie sich dieses liebevolle Angenommen-Sein. Es kann sein, dass Ihr Herz sich weicher und weiter anfühlt. Jetzt können Sie dieses Lächeln mit sanftem Atem und goldenem Licht in Richtung Körpermitte, den Nabelbereich, fließen lassen. Vielleicht bemerkt Ihr Bauch, wenn das Lächeln dort ankommt … Bleiben Sie einfach dabei … Jetzt können Sie Ihr Lächeln weiterfließen lassen – vielleicht entsteht ein „Ganzkörperlächeln", das durch alle Poren Ihrer Haut ein- und ausströmt. Sie können auch in Richtung eines Schmerzes oder Unwohlseins im Körper lächeln, … hin zu einem unangenehmen Problem, zu einem anderen Menschen, … wie auch immer: Bleiben Sie beim Lächeln, beim sanften Atem, beim goldenen Licht und hüllen Sie, was immer Sie auch auswählen, in Ihr Lächeln ein … und spüren Sie, was fast unmerklich geschieht.

Machen Sie sich dann langsam bereit, Ihr Alltagsbewusstsein wieder dazuzunehmen … Wie fühlt es sich jetzt in Ihrem Körper an? Lassen Sie es noch etwas nachklingen, bevor Sie weiterlesen oder etwas anderes tun.

Diese körperlich gefühlte liebevolle Zuwendung hat nicht zum Zweck, etwas unmittelbar zu verändern; vielmehr handelt es sich um eine „energetische" Art, einzelnen Körperräumen (Organen, Wirbelsäule usw.) und Erfahrungen (Gefühlen, Ängsten, Verspannungen usw.) in sich selbst Gesellschaft zu leisten. Ganz gleich, ob Ihnen etwas weh tut, ob Sie intensive oder gar keine Gefühle empfinden, ob eine schwierige Beziehung Sie belastet … – Sie strahlen „es" mit liebevollem Lächeln an. Vielleicht konnten Sie selbst verspüren: Diese Zuwendung allein wirkt wohltuend und heilend, wie Sonne auf der Haut oder Regen auf trockenem Land.

Dialogisches Beziehungsangebot

Im „Inneren Lächeln" verspürten Sie eine Verbindung zu einem innerlich gefühlten körperlichen Ort. Möglicherweise haben Sie bemerken können, wie Ihr Herz „weicher" wurde oder wie der angelächelte Schmerz sich etwas veränderte. Über diese innere liebevolle Annahme hinaus ist uns eine aktive Beziehungsaufnahme zu unserem Körper möglich, die Ihnen eine dialogische Begegnung mit Ihrem Inneren ermöglicht. Ihr Inneres, Ihr Körperwissen, ist aktiv anfragbar. Sie können verständliche und verändernde Antworten aus Ihrem Inneren erhalten.

Damit unser Körperwissen eine innere Anfrage annehmen und verstehen kann, sollten einige Bedingungen erfüllt sein, wenn wir mit uns selbst in Verbindung treten. Häufig formuliere ich die innere Anfrage in etwa folgenden Worten:

„Fragen Sie Ihren Körper in Richtung Brust und Bauch, so als ob Sie eine andere Person oder ein Kind etwas Persönliches fragen würden." In dieser Formulierung möchte ich meinem Gegenüber das „freundliche Verstehen" als Grundmuster der inneren Kommunikation zugänglich machen. Die zwischenmenschliche Begegnung nehme ich als Analogie für die innere Beziehungswelt. Beispielhaft möchte ich Ihnen einige Arten zwischenmenschlicher Begegnungen beschreiben, als Analogien innerer Kommunikation.

„Verkehrsunfälle" in Begegnungen

Wenn im Gespräch mit einem anderen Menschen etwas schief läuft, ist ein freies und gelöstes Spüren des augenblicklichen Erlebens nicht möglich.

Als Ausgangssituation nehmen Sie am besten ein Gespräch mit einem vertrauten Menschen, dem Sie z. B. gerade eine bestimmte, etwas peinliche Situation erzählen wollen. Stellen Sie sich vor, Sie verspüren das Bedürfnis, diesem Freund/dieser Freundin Ihre Geschichte zu erzählen. Sie erzählen von sich und Ihr/e Gesprächspartner/in hört anfangs noch aufmerksam zu. Doch immer mehr bemerken Sie, wie Ihr eigener Gesprächsfluss ins Stocken gerät. Sie möchten sich mitteilen, doch gleichzeitig überdeckt „irgendetwas" Ihr Mitteilungsbedürfnis – irgendwas stimmt plötzlich nicht mehr. Sie empfinden störende Gefühle und Empfindungen, die sich auf Ihre/n Gesprächspartner/in beziehen. Die Art wie er oder sie zuhört, nimmt Ihnen die Lust, weiterzuerzählen und lenkt Sie mehr und mehr ab. Während Ihr eigenes Thema immer mehr verflacht, fragen Sie sich im Hintergrund, was wohl mit Ihrem Gesprächspartner los sein könnte. Vermutlich fühlen Sie sich etwas gekränkt. Einige dafür typische Gefühle und Stimmungen möchte ich Ihnen beschreiben:

- Sie empfinden eine Art von Missbilligung; eine Aufforderung, so oder so zu denken. Sie bemerken Anspielungen auf irgendwelche vom Gegenüber nicht für richtig befundene Dinge. Sie fühlen sich gehemmt, sich weiter auszudrücken, halten beabsichtigte Aussagen zurück, bekommen einen Hauch von Schuldgefühlen; etwas in Ihnen lehnt sich auf, vielleicht entsteht auch ein Gefühl von Einschüchterung und Ängstlichkeit. Selbst wenn Ihr Gegenüber Sie lobt und bestätigt, verspüren Sie sich beurteilt und bewertet.

Oder:

- Sie empfinden ein Gefühl des Nichtverstandenwerdens, des Erstaunens, weil Sie den Eindruck bekommen, die Antwort des Gegenübers sei nicht für Sie passend und Ihr Gegenüber wisse besser über Sie und Ihre Welt Bescheid als Sie selbst. Währenddessen könnte Ihr eigenes Interesse am Gespräch deutlich schwinden. Ihr Selbstbehauptungswille wird aktiviert. Vielleicht wechseln Sie das Thema, vielleicht verspüren Sie Gefühle wie Unterwerfung, Trotz oder Rechtfertigung.

Oder:

- Sie empfinden ein Gefühl von Bemutter- oder Bevaterung. Ihr Gegenüber will nur Ihr Bestes. Sie fühlen sich unangemessen getröstet, beruhigt und bemitleidet, Ihr Thema wird verniedlicht. Sie sind bemüht, irgendwelche Ratschläge abzuwehren. (Nach dem Motto: Du willst ja nur mein Bestes – ich werde es dir aber nicht geben.)

Oder:

- Sie haben den Eindruck, ausgehorcht zu werden, Ihr Gegenüber interessiert sich mehr für die Fakten als für die Bedeutung, die diese für Sie haben. Sie fühlen sich auf eine Suche gedrängt, die nicht die Ihre ist. Sie werden vielleicht ärgerlich, fühlen sich gekränkt und dem Erkenntnisinteresse Ihres Gegenübers ausgeliefert.

Oder:

- Sie fühlen sich abgefertigt, als ob Ihnen Lösungswege, die nicht die Ihren sind, aufgedrängt werden. In diesen Vorschlägen finden Sie keine Berechtigung für Ihre eigenen Gefühle und Bedeutungen. Sie fühlen sich genötigt zuzustimmen oder zu widersprechen. Ihr eigenes Empfinden und Suchen nach Lösungen versiegt, Sie fühlen sich übergangen.

Gerade im täglichen Umgang mit lieben Mitmenschen kennen wir alle solche mehr oder weniger heftigen „Verkehrsunfälle". Zum Glück führen diese meist nur zu kleineren Kratzern und nicht unweigerlich zum Totalschaden einer Beziehung.

„Verkehrsunfälle" in der inneren Beziehung

Jetzt möchte ich Sie bitten, dieses verschiedenen „Verkehrsunfälle" nochmals unter einem anderen Gesichtspunkt zu lesen: unter der Annahme, die zwischenmenschlichen Beziehungen seien vollkommen identisch mit der inneren Beziehung, die Sie zu sich selbst haben. Also so, als ob Sie sich selbst zuhören, Ihre eigenen Gedankengänge innerlich hören und Ihre eigenen Gefühle innerlich wahrnehmen würden.

Dann könnten Sie, ganz ähnlich wie im zwischenmenschlichen Gespräch, folgende Kommunikationsstörungen in Ihrem Erleben bemerken:

- Sie bewerten sich und orientieren sich an einem „Richtig“ oder „Falsch“, kritisieren sich selbst und übergehen dabei Ihre eigenen Bedürfnisse, Stimmigkeiten und Wahrheiten.

Oder:

- Sie hören sich zu und bemerken, dass Sie sich selbst eine Lösung einreden – ohne sich auf Ihre innere Stimme und die vielfältigen Facetten Ihres Empfindens einzulassen.

Oder:

- Sie beschäftigen sich mehr mit sachlichen Aspekten und übergehen die gefühlte Bedeutung, die dieses Thema für Sie hat.

Oder:

- Sie beschwichtigen sich selbst, um nicht die Tragweite, die Bedeutung und Intensität Ihrer Gefühle aushalten zu müssen.

Oder:

- Sie interpretieren und analysieren Ihr Empfinden und Verhalten in großen und kleinen Gedankenkonzepten (Warum und wieso tue ich das?), ohne bei sich zu sein, und übergehen so Ihre tatsächlichen Empfindungen.

Genau wie in einer zwischenmenschlichen Beziehung eröffnet nur die Haltung des liebevollen, akzeptierenden Annehmens und Belassens, wie es gerade ist, den Raum für Veränderung, Wandlung und innere Kreativität. Nur so heilen innere Verwundungen und entsteht in uns überraschend Neues.

Wir alle sehnen uns danach, von Mitmenschen umfassend und tief verstanden zu werden. Genauso sehnt sich unser Inneres danach, von uns liebevoll angenommen und verstanden zu werden. Gerade die aufkeimenden Gefühle, egal wie realitätsangemessen sie uns erscheinen, brauchen dieses „Lächeln", brauchen unseren warmen Blick, um sich entfalten und mitteilen zu können. Insbesondere Gefühle und Vorstellungen, die uns schwer und grausam vorkommen oder schwach, sentimental, bedürftig, verändern und verwandeln sich in dieser freundlichen Atmosphäre. Gefühle, innere Bilder bekommen in dieser freundlichen Beziehung die Sicherheit, akzeptiert und auch gehört zu werden. Dann erst kann sich die innere Empfindungswelt verständlich und bedeutungsvoll öffnen und überraschende Aspekte zum Vorschein kommen lassen, uns auf Details aufmerksam machen, Zusammenhänge deuten und intuitive Einfälle schenken.

Schwierigen inneren Beziehungspartnern einen Platz geben

Manche schrecklichen und beängstigenden Erfahrungen, Erinnerungen und inneren Verletzungen überfordern unsere Möglichkeiten der Selbstannahme. Der Vorschlag, mit solch einem Erleben auch noch liebevoll umzugehen, wird als unmöglich und als Druck empfunden. Vielleicht hätte ein erfahrener Therapeut, eine Therapeutin mit langjähriger Therapieausbildung und fachlicher Begleitung durch einen Kollegen diese Möglichkeit. Im Umgang mit uns selbst sind wir, bezogen auf unsere schwierigen Erfahrungen, jedoch nicht in der Lage, freundlich und liebevoll annehmend zu bleiben. Die Lösung scheint dann in einem „Ich muss mich lieben", „Ich muss mich annehmen" zu liegen. Diese „Muss"-Haltung bringt jedoch nur Druck mit sich und wird unweigerlich zu einer Versagenserfahrung führen.

Für solche Momente schlage ich Ihnen vor, dieses innere Erleben mit etwa folgender Haltung und sinngemäß mit folgenden Worten anzusprechen: „Ich habe schreckliche Angst vor dir – dennoch erkenne ich an, dass du zu mir und meinem Leben gehörst."

Im ersten Teil dieser Ansprache teilen Sie dem Gefühl, der Erinnerung etc. mit, welche Beziehung Sie tatsächlich dazu haben (Hass, Angst, Scham, Ekel), und im zweiten Teil erkennen Sie an, dass diese Erfahrung dennoch zu Ihnen gehört. Sie kämpfen nicht dagegen an, Sie versuchen das Gefühl nicht umzubringen, sondern geben dieser Erfahrung einen berechtigten Platz.

Sie erkennen an, dass es so ist, wie es ist. Die respektvolle Anerkennung der inneren Erfahrung ist ein erster Schritt der Integration und der inneren Koexistenz. Sie werden bemerken, dass mit dieser Grundhaltung eine solche Erfahrung Sie weniger überfluten und beherrschen wird. Sie bleiben Regisseur auf der eigenen Bühne und Sie treten aktiv in Beziehung zu der unaushaltbaren Erfahrung. Diese kleine Anrede ist jedoch kein Allheilmittel im Umgang mit sich selbst – manchmal mag sie passend sein und manchmal ist es gar nicht möglich, sich selbst diese Art Zuwendung zu geben.

Im Folgenden ein kleiner Versuch:

Wir alle haben etwas am Körper, was wir nicht mögen: die scheinbar krumme Nase, zu dick anmutende Beine, den wohligen Waschbärbauch ... Mit so einem Ort können Sie experimentieren: „... Und ich erkenne an, dass du zu mir gehörst, Teil von mir bist.“ Sie wissen schon: erst in die innere Achtsamkeit gehen, die Körperstelle von innen spürend wahrnehmen und dann diesen Satz ein, zwei Mal in annehmendem Tonfall in diesen Ort hineinsprechen. Vielleicht nehmen Sie an der besagten Stelle Ihres Körpers irgendeine vage Berührung durch diesen Satz, diese Zuwendung wahr (es fühlt sich wärmer, kälter, kribbelig, stimmiger, „deutlicher“ an).

Die zwischenmenschliche Situation können Sie als Analogie in den inneren Erfahrungsraum übertragen: Auf dem einen Stuhl sitzt der Therapeut, die Therapeutin – auf dem anderen der Klient, die Klientin. Sie sind einerseits der/die Wahrnehmende und nehmen andererseits Ihre inneren Gefühle, Bilder, Körperempfindungen wahr. In dieser Analogie sind Sie quasi Therapeut/in *und* Klient/in. Sie hören sich zu, schauen, nehmen Ihre Gefühle wahr und begleiten sich selbst im Fluss der inneren Ereignisse. Lassen Sie diese immer mehr so sein, wie sie sind – so wird paradoxerweise diese menschliche annehmende Haltung genau die, die in Ihnen Veränderung hin zum authentischen, stimmigen Lebensgefühl entstehen lässt. Je mehr Sie diese Art von Beziehung mit sich selbst eingehen, desto leichter können sich Ihre ungeliebten und beängstigenden Erfahrungen wie von selbst verwandeln.

Übertragung in die eigene Erfahrungswelt:
Angenommen, Sie würden jetzt eine gewisse Traurigkeit, Einsamkeit, eine düstere Hintergrundstimmung oder sonst ein ungutes oder verletztes Gefühl wahrnehmen, so könnten Sie sich dem in ähnlicher Weise dialogisch zuwenden. (Bitte suchen Sie sich nicht den schlimmsten Konflikt aus) … Haben Sie sich für dieses ca. 15-minütige Experiment entschieden und ein passendes Gefühl als Thema gefunden, so machen Sie es sich am besten bequem, spüren ihren Atem, das Buch in der Hand. Bevor Sie sich dem eigentlichen Thema zuwenden, sichern und entfalten Sie Ihre TherapeutInnen-Seite, indem Sie einen guten körperlichen Ort aufsuchen, … noch einige Atemzüge verweilen und genießen: „Was brauche ich (von mir), um auf dieses Gefühl einzugehen?" Nehmen Sie sich die Zeit und den Raum, bewegen Sie sich oder tun Sie, was Ihnen jetzt gut tut, und machen Sie sich für diese Begegnung bereit, … erst dann ist es sinnvoll, dass Sie sich Ihrer inneren Erfahrung zuwenden und diese anerkennen, indem Sie sie wissen lassen, dass Sie sich ihr jetzt zuwenden werden. (Diesen inneren Dialog führen Sie in Richtung Körper, innerlich – ohne laute Worte. Sollten Sie ungestört sein, dann können Sie natürlich auch laut sprechen – je nachdem, wie es sich für Sie stimmig anfühlt.)

Bildlich gesprochen können Sie dieses Gefühl/Thema freundlich auf den Schoß nehmen, wie ein verletztes Kind, und mit dieser Erfahrung sein: ohne zu bewerten, ohne „Ich hätte …", „Ich müsste …". Seien Sie einfach und hören Sie Ihrem Gefühl ein wenig verstehend zu, wie einem verletzten Kind. Sie könnten dem Gefühl verstehend, fühlend und respektvoll-eingehend in sich Raum geben. Erlauben Sie dem Gefühl, ganz da zu sein, und seien Sie einfach da …

Nehmen Sie dabei die ganz bestimmte Qualität dieser Empfindung wahr: Wo im Körper fühlen Sie sie am deutlichsten? Schwingt in dem Gefühl etwas Sehnsüchtiges, Bedürftiges, Ziehendes ...? Nehmen Sie das Gefühl in all seinen Feinheiten wahr und umschließen Sie es mit freundlicher Aufmerksamkeit. Wie jung/alt fühlt sich das Gefühl an? Mit wem ist es verbunden? ... Lassen Sie es einfach zu ... Hören Sie auch Ihre Gedanken: Welche Kommentare geben sie zu dem Gefühl ab? Vielleicht etwas wie: „Ich mag das nicht" – oder was auch immer.

Lassen Sie das alles ein Ganzes sein. – Betrachten Sie das Gefühl im Licht liebevoller Aufmerksamkeit, ... dann können Sie freundlich neugierig nach innen fragen (ohne zudringlich zu werden): „Was ist das Schlimmste daran?" Oder: „Was brauchst du, Gefühl?" Oder: „Gefühl, was wäre jetzt im Moment gut?" Falls Sie eine dieser Fragen ausprobieren, dann sprechen Sie diese innerlich in Richtung Körpermitte und warten Sie eine Weile ... Bleiben Sie spürend mit sich ... Hören Sie zu, ähnlich wie Sie liebevoll einer anderen Person zuhören würden, und lassen Sie sich entfalten, was Ihnen entgegenkommt. Bitte nehmen Sie sich diese Zeit und lassen Sie die „Antwort" sich ebenfalls entfalten. Machen Sie keine Lösungsvorschläge, sondern warten Sie, was dieses Gefühl Ihnen von selbst mitteilt. Vielleicht spüren Sie die Antworten in Form von Körperempfindungen, sehen Bilder, fühlen Gefühle, ... was auch immer, geben Sie dem Raum und sprechen Sie den entstehenden Empfindungen – seien diese auch noch so schwach und scheinbar unbedeutend – eine Daseinsberechtigung zu; lassen Sie sie willkommen sein.

Leisten Sie diesem Gefühl einfach Gesellschaft und seien Sie passiv neugierig ... Gehen Sie bei jeder Veränderung mit, annehmend-neugierig-fragend, ...

Bevor Sie nach 5 oder 15 Minuten wieder zurück in den Alltag kommen, fragen Sie sich: „Was habe ich in den letzten Minuten Neues erfahren?", „Wie fühle ich mich jetzt insgesamt – was ist anders?", „Was könnte ich jetzt tun?" ... Vielleicht, ich wünsche es Ihnen jedenfalls, haben Sie eine kleine innere Veränderung erlebt. Falls das nicht ging, lassen Sie dies freundlich so sein, wie es gerade ist.

Zum Thema des inneren Umgangs mit Gefühlen machte mich kürzlich jemand auf den folgenden Text von Jörg Zink aufmerksam:

Ein Gefühl ist wie ein Kind, …

Ein Gefühl ist wie ein Kind,
das in uns lebt und weint und lacht,
Hunger hat und bemerkt sein will.
Wer zu seinem Gefühl zu oft sagt:
Sei still,
ich habe jetzt keine Zeit für dich –
dessen inneres Kind sitzt eines Tages
in einer vergessenen Ecke und trauert,
wird krank und verkümmert.

Mit Gefühlen soll man umgehen,
wie man mit einem Kind umgeht.
Man sieht ihm freundlich zu und aufmerksam.
Man hört, was es klagt,
man leidet mit ihm, wenn es leidet.
Denn Gefühle sind die lebendigsten Kräfte
in uns,
und keine andere Kraft in uns
bringt so Lebendiges hervor.

Ein Kind hat auch Wünsche,
berechtigte, gute, schöne,
die nicht zu erfüllen sind.
Dann nehmen wir es auf den Arm
und sind mit ihm traurig.

Aber wir schicken es nicht weg.
Ein Kind kann verstehen,
dass es nicht alles haben kann.
Aber lieben muss man es,

ihm Mut geben und Fröhlichkeit,
und Raum, seine Kräfte zu regen.[1]

Absichtslosigkeit

Sicher wissen Sie, wie es ist, Zeit zu haben und durch die Innenstadt zu bummeln, zu schlendern, ohne Einkaufszettel im Kopf. Sie haben die Muße, Leute, Schaufenster, Auslagen zu betrachten, einem Stadtmusikanten eine kleine Weile zuzuhören, vielleicht scheint auch noch die Sonne und Sie fühlen sich rundum wohl. Ihr Schritt ist langsam und beschwingt zugleich, Sie lassen sich treiben, bleiben vielleicht stehen, gehen in ein Geschäft, betrachten irgendwelche Auslagen, die Ihnen ins Auge fallen und gehen weiter, ohne etwas zu wollen. In einem Straßencafé machen Sie eine Pause, sitzen da, feiern, dass Sie da sind, wo sie sind, und fühlen sich mit sich selbst, Gott und der Welt in Einklang. Sie haben nichts, was Sie treibt, nichts, was Sie „müssen". Sie fühlen sich innerlich gesättigt, beschenkt und reich, offen und frei.

In solchen Momenten nehmen Sie Details wahr, die Ihnen sonst nie auffallen: die Farben, das Licht, die Gebäude, Erinnerungen, die vorbeiziehenden Gesichter, alles wirkt freundlich und fühlt sich mit Ihnen verbunden an – vielleicht entsteht sogar eine Idee, was Sie heute noch Gutes essen und trinken könnten …

In so einer „perfekten" Stimmung, in der alles passt, „verwirklichen" Sie eine innere Haltung, die mit „Absichtslosigkeit" bezeichnet werden kann. Es ist diese Haltung, die unser Inneres braucht, um sich zu öffnen. Hört uns jemand freundlich und annehmend zu, so fassen wir doch erst tieferes Vertrauen bei der Erkenntnis: Der andere will nichts von uns, will weder etwas verkaufen noch unsere Anerkennung, Sex noch sonst etwas – der andere ist einfach da und interessiert sich für uns. In dieser Atmo-

---

[1] Aus: Jörg Zink, Was bleibt, stiften die Liebenden. © Kreuz Verlag, Stuttgart 2005, S. 17f.

sphäre kann unser Inneres heikle und persönliche Dinge preisgeben. Und genau diese Haltung braucht unsere innere Erlebenswelt von uns selbst. Die Absichtslosigkeit ermöglicht Ihnen, verweilend und lauschend über den eigenen, bekannten Tellerrand hinauszublicken und inneren Regungen zu folgen, die viel weiter und viel tiefer als Worte reichen.

Nicht immer fällt uns diese Absichtslosigkeit beim Bummeln in den Schoß. Es gibt Situationen, in denen wir uns diese Haltung wünschen, um optimal handeln oder etwas leisten zu können. Kreative Arbeit kann sich eigentlich nur mit diesem Hintergrundgefühl der Absichtslosigkeit voll entfalten. Schon damals in der Schule wäre diese Haltung optimal gewesen: das Aufgabenblatt lesen, ruhig bleiben und dann im Vollbesitz aller geistigen Kräfte die Lösungen zu finden ... Letztendlich wird im absichtslosen Dabei-Sein alles besser.

Bogenschießen

Den Aspekt der absichtslosen inneren Beziehung habe ich vor Jahren beim meditativen Bogenschießen entdeckt. „Zen und die Kunst des Bogenschießens" geschieht in ritualisierten Bewegungsabläufen, die meine gesamte Aufmerksamkeit auf mich selbst (auf meine Körper-Handhaltung und Atmung) konzentrieren. Wenn alles gut geht, ergibt das einen festen Stand und eine mittige Zentrierung.

Dann erst richtet sich die Aufmerksamkeit auf das Ziel, eine geflochtene Strohscheibe. Mit meiner Haltung, meinen Augen, mit meiner Aufmerksamkeit bin ich mit mir und mit dem Ziel verbunden. Das Besondere an der Sache ist, dass die innere Haltung des In-Beziehung-Setzens zum Ziel hin nicht das gute und genaue Treffen-Wollen ist. Der Pfeilschuss ereignet sich auf einer Verbindung, die schon vorher gelegt wurde. Die innere Haltung des Schützen ist die des Nicht-treffen-Wollens oder des „Nicht-Anhaftens" in ungeteilter Aufmerksamkeit. Wollen, Anstrengung, Engagement und Zielstrebigkeit (andernfalls werden Sie vom Zenmeister ohnehin gleich nach Hause geschickt) sollen gleichzeitig sein mit Nicht-wollen, dem Losgelöst-Sein und Spielerischen. Das hört sich vielleicht edel und anspruchsvoll an, probiert man es die ersten Male aus, führt es jedoch eher zu jämmerlichen Gefühlen. Der Pfeil war mir schon häufig auf den Boden gefallen, bevor ich die richtige Haltung eingenommen hatte, und mit dem Treffen der Zielscheibe klappte es auch nicht wirklich. Jedenfalls konnte ich üben und wieder üben, bei mir zu sein, meinen Ärger über mich freundlich beiseite zu stellen und immer wieder absichtslos nur den Handgriff zu tun, den ich gerade ausführte.

Training dieser Art ist natürlich eine einzige Paradoxie, denn einerseits wollte „etwas in mir" treffen und andererseits gelingt das mit diesem Wollen tatsächlich nicht. Unser lineares Denken steht vor einem unüberbrückbaren Widerspruch. Es gibt jedoch immer wieder einmal eine Lösung anderer Art, die körperlich, innerlich gefühlt werden kann. Ich bin nie ein Meister des Bogenschießens geworden, doch habe ich verstanden, dass die innere Beziehung zu mir selbst und zu anderen eine dem Bogenschießen vergleichbare innere Haltung braucht. Sowie ich in mich (oder andere) dringen will, unbedingt wissen, fühlen, verändern, helfen will, verschließt sich das Innere und ich bekomme keine Verbindung zu etwas Neuem und Frischem und auch keinen wesentlichen Kontakt zum Mitmenschen. Der innere Prozess der Veränderung, der Wandlung, auch der der Intuition zieht sich zurück und ich finde mich in einem ärgerlich ungeduldigen Zustand. Auch wenn ich die „richtige" Frage an mein Inneres oder den Mitmenschen stelle – die Art, das „Wie", entscheidet, ob und welche Antwort zurückkommt. Unser Inneres braucht absichtsloses Dabei-Sein, nur dann öffnet sich unser Körperwissen und beschenkt uns mit überraschenden Einsichten und erstaunlichen Schritten der Veränderung.

Absichtslosigkeit verhilft Ihnen dazu, mit sich selbst ganz im Jetzigen zu sein. „Jetzt nehme ich dieses wahr", „Jetzt fühle ich jenes", „Wie ist es jetzt?" Sie machen sich dabei „abhängig" von dem, was von innen kommt – von dem, was wirklich geschieht, nicht gemacht, produziert, kontrolliert und manipuliert ist.

Es ist tatsächlich wie beim Bogenschießen, wenn Sie die Zügel Ihres Inneren locker lassen, wie bei einem Pferd, das den Weg zum Stall kennt und alleine nach Hause findet. Gehen Sie mit dem inneren Fluss, egal wie er sich schlängelt. Zum Glück scheint es für unser Inneres zu genügen, wenn wir die wohlmeinende Absicht haben, „absichtslos“ zu sein.

Absichtslosigkeit als Paradoxie

Die idealisierte Haltung der Absichtslosigkeit können Sie als Spiegel gebrauchen. Schauen Sie in diesen Spiegel, so wird Ihnen bewusst, was Sie eigentlich alles wollen und wünschen. Sie brauchen nur in eine beliebige Situation hinein zu fragen: „Bin ich (wirklich) absichtslos?“, dann können Sie entdecken, was in Ihnen will und möchte. Sie könnten sich beispielsweise die Behauptung zusprechen: „Dieses Buch hier lese ich einfach so, ohne Absichten für mich, ich erwarte mir nichts davon!“ Vielleicht finden Sie heraus, welche Erwartungen und Wünsche Sie tatsächlich mit ins Lesen hineingenommen haben, auf welche Antworten Sie (stillschweigend) warten.

In Beziehungen und Freundschaften kommt es häufig zu Enttäuschungen, Ärger und Rückzug. Unser/e Freund(in) weiß nicht und erfährt vielleicht nie, was wir von ihm oder ihr erwarten. Schwierig wird es dann, wenn wir uns unsere Erwartungen und Wünsche selbst nicht bewusst gemacht haben, aber mit Enttäuschung und Frust reagieren. Mit der „Absichtslos-Frage“ können Sie Klarheit über sich selbst gewinnen und handlungsfähiger werden.

Wenn Sie sich selbst diese Frage stellen, mögen ganz ehrenwerte Absichten zum Vorschein kommen wie: sich besser fühlen, gesund werden, Anerkennung, Liebe, Sex, …, die Sie hoffentlich würdigen und nicht einfach als störend oder nicht erlaubt oder was auch immer loslassen. Wünschenswert ist, dass Sie sich für Ihre Wünsche und Sehnsüchte engagieren und nicht in eine innere „Ich brauche ja gar nichts“-Haltung zurückziehen. Der Rückzug, z.B. von den Mitmenschen oder von Bedürfnissen, hat mit „Absichtslosigkeit“ nichts zu tun, sondern vor allem mit Angst. Es ist leicht, sich bedürfnislos wie Franziskus zu fühlen, wenn die eigenen Bedürfnisse und Wünsche noch verschüttet sind.

Ich, Sie, jede/r (noch Lebende) hat mit dem Thema „Bedürfnisse und wie bekomme ich sie erfüllt" zu tun. Wir alle werden vom Leben mit diesem Thema konfrontiert. Und doch ist keine grabsteinmäßige Ernsthaftigkeit angesagt. Denn diese Haltung der Absichtslosigkeit, dieses Wollen und gleichzeitig Nicht-Wollen, ist die Wurzel jeder gesunden Selbstironie, von Humor, Tiefsinn und jeder wesentlichen Begegnung.

Vielleicht wollen Sie jetzt noch etwas Ihren Gedanken zu diesem Thema nachgehen? Vermutlich finden Sie auch gleich Beispiele aus Ihrem persönlichen Erfahrungsschatz.

Sie können solch eine erinnerte Situation „vor sich stellen" und experimentell die Haltung der Absichtslosigkeit als Spiegel benutzen. Dazu lassen Sie vor Ihrem inneren Auge eine bestimmte Situation entstehen und behaupten dann in Richtung Körper: „Ich bin ganz ohne Absichten für mich, ich erwarte mir nichts, ich will nichts!" Sprechen Sie diese Behauptung in Richtung Körpermitte und warten Sie, was in Ihnen antwortet. Verweilen Sie so etwa eine Minute, vielleicht zeigt sich dann etwa ein „Nein, ich will doch …". Sie können diese Behauptung immer wieder nach innen geben und bemerken, was antwortet: „Ich bin völlig absichtslos!" – „Nein, ich wünsche mir …" Möglicherweise entdecken Sie Motivationen und Beweggründe, die Sie vorher so nicht gekannt haben. Vielleicht gelingt es Ihnen, die Antworten freundlich-annehmend entgegenzunehmen und diesen Bedürfnissen einen angemessenen Raum zu geben.

Sie können sich auch an eine Situationen erinnern, in der Sie absichtslos waren, die aus ähnlichem Erlebensstoff gemacht war wie etwa einen Gipfel erklimmen wollen und doch „nur" Ihre Fingerspitzen in der Gesteinsritze wahrnehmen, den Kampf gewinnen wollen und doch „nur" den jetzigen Atemzug wahrnehmen. Für mich heißt das gerade, das Buch fertig schreiben zu wollen und doch mit voller Aufmerksamkeit „nur" diesen einen Satz zu formulieren, das Mittagessen fertig haben zu wollen und doch ganz beim Zwiebelschneiden zu sein. Das „Jetzt", das sich dabei öffnet, gibt den Geschmack der Lebendigkeit.

Zum Glück ist die absichtslose Hingabe nicht der Meditations- oder Therapiepraxis vorbehalten. Egal, welches Tun sie begleitet (Musik hören, arbeiten, alltägliche Verrichtungen, spielen, einander begegnen, ...) – es wird verwandelt zum sinnhaft Erlebten und Gespürten, zum reichen, einmaligen „Jetzt": „Ich lebe in diesem Augenblick."

Innere Beziehung

„Ich fühle mich ...", „Vor meinem inneren Auge sehe ich ein Bild", „Ich fühle meine Trauer" – allen diesen Wahrnehmungen ist eines gemeinsam: Da scheint es ein wahrnehmendes „Ich" zu geben und ein „Etwas", das wahrgenommen wird. Sie sind nicht allein der Erlebende, sondern auch das, was erlebt wird, und zugleich der Ort des Erlebens.

„Ich spüre in den Körper" meint ein wahrnehmendes „Ich" und einen wahrgenommenen „Erlebensinhalt", der mit Körper zu tun hat. Es gibt eine(n) Wahrnehmende(n) und ein Erleben, das Wahrgenommene.

Das mag für Sie auf den ersten Blick abstrakt klingen, doch ich bin sicher, Sie kennen dieses Phänomen. Nehmen wir an, Sie haben eine etwas unangenehme Erfahrung gemacht und ein wohlmeinender Mitmensch erzählt Ihnen die Geschichte vom halb gefüllten Glas: „Du kannst das Glas als halb voll oder halb leer bezeichnen", optimistisch oder pessimistisch – „Sei doch Optimist."

Dieser wohlmeinende Mitmensch möchte Ihnen sagen: Sie können ein und dieselbe Sache aus unterschiedlichen Perspektive betrachten – und schon fühlt sie sich anders an. Sie brauchen „nur" Ihren inneren Bezugspunkt zu wechseln und Ihr Erleben wechselt für Sie von ganz furchtbar zu wunderbar, von Versagen zu: viel gelernt, von Schicksalsschlag zu: Es kommt etwas viel Besseres ... Beobachten Sie Ihr inneres Erleben genauer, so bemerken Sie, dass es neben den inneren Bezugspunkten Pessimist oder Optimist noch eine Vielzahl anderer Perspektiven und Bezugspunkte gibt, die Ihr Lebensgefühl und die Bedeutung Ihres Lebens bestimmen.

Verschiedene Perspektiven

Mit der Wirkung unterschiedlicher Bezugspunkte lässt sich experimentieren. Nehmen wir beispielsweise einmal an, Sie würden etwas Trauriges in sich fühlen. Sie können dieser Trauer ängstlich begegnen: „Ich habe Angst, in der Trauer zu versinken, und ich befürchte, nie wieder mit Weinen aufhören zu können" oder dieselbe Trauer anders wahrnehmen: „Ich schäme mich vor meinem Gegenüber" oder: „Ich will nicht verheult aussehen" oder: „Mein Makeup verträgt keine Tränen" oder: „Ein Mann weint nicht" oder: „Wo kommt das her?" Sie können in den Kopf gehen und Ursachenforschung betreiben: „Jetzt will ich es aber genau herausfinden" und sich unter Druck setzen; Sie können, von einem bestimmten Selbstbild ausgehend, das Trauer ausschließt, wütend über sich und die Trauer werden – „Mir darf das nichts ausmachen" –, Sie können die Trauer hinunterschlucken oder auch glücklich sein über die Trauer: „Jetzt endlich spüre ich dieses Gefühl", Sie können Sie mit den Augen Ihrer Mutter, Ihres Vaters wahrnehmen ... die Reihe lässt sich fast beliebig fortsetzen.

Nicht „was" in Ihnen auftaucht, sondern unter welcher Perspektive Sie eine Beziehung zu diesem „Etwas" aufnehmen, erschafft erst Ihr konkretes Erleben. Sie können daher Ihr Leben als Routine, Wettkampf, Tanz, als Alptraum, Abenteuer, Rätsel, als Karussell, Labyrinth usw. betrachten und sich dementsprechend gelangweilt, herausgefordert, tanzend, erschreckt, spannend, unergründlich, im-Kreis-drehend, gefangen usw. erleben.

„Wahrnehmen" bedeutet immer: „von irgendwoher wahrnehmen" und das meint nicht nur Ihren Körper im Bezug zur Umwelt, sondern genauso die Welt der inneren Erfahrung. Der innere „Standort" oder „Ausgangspunkt" ist im Alltag in aller Regel nicht zugänglich, wir reagieren irgendwie und spüren bestimmte Gefühle. Erst wenn wir still und achtsam werden, können wir diese Zusammenhänge entdecken – und selbst verstehen, „wie“ dieses Erleben entstanden ist.

Falls Ihr Partner Ihnen vorwerfen sollte: „Da bist du genau wie deine Mutter“, dann könnte das ja bei näherer inneren Betrachtung auch (gelegentlich) stimmen. Wir alle agieren viel stärker aus den verinnerlichten Bezugspunkten unserer Herkunftsfamilie heraus, als uns bewusst und angenehm ist.

Verändern lässt sich das in der inneren Welt des Spürens, des Bei-sich-Seins, der freien Entscheidung im inneren Erlebensraum. Ansonsten erheben wir unsere Sicht und unsere Gefühle zur objektiven Realität: „Ich weiß doch, was ich spüre – ich habe Recht.“

Diese entscheidenden Weichenstellungen geschehen unbemerkt, wie hinter unserer Lebensbühne – wobei am Rande unseres Denkens und Spürens oder manchmal im morgendlichen Halbschlaf ein gewisses Unwohlsein, eine Unruhe kurz zu spüren ist, die uns ahnend zu verstehen gibt: Ich lebe eigentlich nicht mein eigenes Leben – irgendetwas stimmt nicht. Tröstlicherweise gibt es in uns immer wieder dieses kaum wahrnehmbare Korrektiv, das uns wachrütteln möchte.

Experiment: Perspektivenwechsel

Vielleicht möchten Sie mit dieser Sichtweise noch etwas mit sich verweilen, Ihre Achtsamkeit in den inneren, körperlichen Erlebensraum geben und sich dabei ausreichend Zeit (mindestens ca. 10 Minuten) für sich selbst lassen. Sie können jetzt diese innere Bezugswelt bei sich selbst erforschen. Beginnen Sie mit der Frage: „Wie spüre ich gerade von innen meinen Atem?“ Vielleicht können Sie die leichte Dehnung des Brustkorbes von innen wahrnehmen. Die Atemwelle die sich zum Bauch und Becken hin bewegt und wieder zurückgeht. Lassen Sie Ihren Atem dabei frei, lassen Sie ihn so atmen, wie es von selbst geschieht … Lassen Sie Ihre Gedanken denken, was diese denken – Sie können später darauf zurückkommen, kümmern Sie sich nicht weiter darum. Bleiben Sie noch etwas bei Ihrem Atem, so als ob dieses Spüren jetzt das Wichtigste der Welt wäre …

Vielleicht bemerken Sie gerade, wie Sie Ihren Atem wahrnehmen? „Ich nehme meinen Atem wahr" – bemerken Sie diese innere Beziehung: da ein wahrnehmendes Ich und dort ein körperliches Gefühl des Atmens.

Diese Wahrnehmung können Sie eine kleine Weile erforschen. Ich nehme wahr – wie ist das? Was für ein Ich nimmt wahr? Welcher Name würde dazu passen? Innerer Beobachter? Innerer Zeuge? Was passt dafür noch besser? Pendeln Sie dann zum Wahrgenommenen, dem Körperereignis der Atemwelle, und dann wieder zurück zur Wahrnehmung des beobachtenden Ich … Lassen Sie sich Zeit und warten Sie auf den nächsten Atemzug.

Jetzt möchte ich Ihnen eine Suchfrage geben, die Sie einfach in Ihren körperlichen Erlebensraum fallen lassen können: „Wo in meinem Leben gibt es Erfahrungen, die ich später anders bewertet habe?", „Welche Erfahrungen habe ich nach einiger Zeit anders gedeutet?"

Warten Sie eine kleine Weile, … vielleicht taucht die eine oder andere Geschichte aus der Erinnerung auf. Bitte entscheiden Sie sich für eine Begebenheit und lassen Sie diese Geschichte auf sich wirken. Gehen Sie dabei zurück zu der ersten Bewertung/Deutung, Ihrem Für-wahr-Halten oder „Ich-mag(-nicht)" zu diesem Ereignis. Welche Stimmung, welches Lebensgefühl gehört dazu? Welche Bedeutungen? Mit welchen Personen war dieser innere Ort verbunden? Dann pendeln Sie zu der späteren Bewertung/Bedeutung und nehmen auch hier wieder Ihr Für-wahr-Halten oder „Ich-mag (-nicht)" zu diesem Ereignis dazu, ebenso Ihre Stimmung, das dazugehörige Lebensgefühl, die Bedeutungen, die Personen. Was macht den gefühlten Unterschied? Sie können diese Erfahrung etwas in sich halten und mit Forschergeist untersuchen. Sie könnten sich fragen: Wie kam es zu dieser Veränderung? Was ist in mir neu dazugekommen? War es die Meinung einer anderen Person, die für mich bedeutsam war? War es meine eigene Meinung? Nehmen Sie wahr, wie dieser innere Perspektivenwechsel sich anfühlt, was da in Ihnen geschieht …

Wie ist das für Sie, sich so perspektivisch zu erleben, innerlich beweglich zu sein?

Kommen Sie dann wieder zum Alltagsbewusstsein zurück. Vorher könnten Sie sich noch nach innen fragen: „Was ist an diesem Experiment für mich gut?“, „Wo ist da für mich als Mensch etwas wichtig?“

Falls Sie mit Ihrem Versuch eines Perspektivenwechsels im Augenblick wenig Glück hatten – manchmal passt es eben nicht –, will ich Ihnen eine kleine persönliche Erfahrung erzählen, bei der ich von diesem Aspekt der inneren Erfahrung ergriffen wurde: Ich trainierte in dem besagten Augenblick gerade am Sandsack. „Bewege dich so, ... strenge dich bei diesem Bewegungsablauf so an, dass du dies den ganzen restlichen Tag tun könntest“, so die Anleitung meines Kampfsportlehrers Viktor Köhl. Fast gleichzeitig spürte ich die Veränderung: Aus einem harten Schlag gegen den Sandsack wurde eine leichte, spielerisch-tänzelnde Bewegung.

Diese kleine Anleitung, dieses Konzept, brachte eine enorme, spürbare körperliche Wirkung. Ohne dass ich nachdenken musste, bewirkte diese Formel in mir ein völlig anderes Verhalten und das Gefühl, ich könne diese Bewegung tatsächlich, einem Spaziergang vergleichbar, lange Zeit ausführen. Ich arbeitete gerade an einem psychologischen Vortrag und mir wurde schlagartig bewusst, wie eine Unmenge solcher höchst wirksamen Anleitungen und Konzepte in meinem Körper wirkten. Etwas in mir erschrak, mir wurde bewusst, dass ich, im Unterschied zu dieser konkreten Box-Schlaganleitung, die wichtigen, höchst wirksamen Lebensanleitungen und Lebenskonzepte vergessen hatte. Viele meiner frühen Überzeugungen, die ich als Kind aufgeklaubt hatte, viele Einstellungen, die an mir vorgenommen wurden (in Elternhaus und Schule beispielsweise), steuerten mich, schufen meine erlebte Realität, ohne dass ich auch nur die geringste Ahnung der maßgeblichen Spielregeln hatte, noch wusste, wer mir diese Anleitungen ins Leben gesprochen hatte. Augenblicklich kam ich mir vor wie ein Roboter, der sein Programm, das andere in ihn hineingesteckt haben und über das er selbst keine Information besitzt, einfach nur abspult. Meine Entscheidungsräume erschienen mir verschwindend gering bis lächerlich. „Ich erlebe Empfindungen und Gefühle und ich bewerte, ohne zu bemerken, ohne bewusst zu wissen, welches Programm im Hintergrund eingestellt ist.", „Ich erlebe nur das, wovon ich selbst überzeugt bin", schoss mir durch den Kopf, „nur den inneren Bezugspunkt kenne ich leider nicht."

Dieses Erschrecken habe ich seither immer mehr schätzen gelernt, denn es bringt nach dem anfänglichen Schwindelgefühl ein gewisses sicheres Gefühl für meine eigene Existenz und verbindet mich tiefer mit der Wirklichkeit.

Froh bin ich, mich immer wieder neu für den inneren Bezugspunkt des achtsamen Annehmens, der Absichtslosigkeit, der Aufmerksamkeit für mich selbst entscheiden zu können.

Mit dem Konzept der Bezugspunkte sind wir beim Zauberkasten der Prediger des „Positiven Denkens" angelangt, die Ihrer Klientel einen bestimmten Bezugspunkt einhämmern, z. B. mit der Aufforderung: „Sagen Sie: ‚Ich bin ein guter Verkäufer!' … ‚Ich bin ein guter Verkäufer!' … ‚Ich bin ein guter Verkäufer!', so lange, bis Sie es selbst glauben."

Der wohlmeinende Mitmensch, der Ihnen ein halb leeres Glas zum halb vollen machen will, die anderen, die Ihnen sagen: „Das musst du so und nicht anders sehen!", „Du musst doch nur …", „Du musst nur an dich glauben!", versuchen Ihnen einen anderen inneren Bezugspunkt zu geben, damit Sie anders leben können. Doch ganz so platt scheint sich das Erleben und das Leben nicht (auf Dauer) manipulieren zu lassen.

Hervorheben möchte ich in diesem Zusammenhang nochmals die innere Beziehung: Jedes Erleben, ob wir es bewusst bemerken oder nicht, ist ein inneres Beziehungsereignis.

Wie wirkt Aufmerksamkeit?

Energie folgt der Aufmerksamkeit – mit diesem Prinzip wird in Disziplinen wie Tai Chi, QiGong, Meditation, im westlichen Autogenen Training und auch im Focusing gearbeitet. Das Phänomen, das mit „Energie" benannt wird, lässt sich theoretisch, auch mit

Hilfe der modernen Physik, nicht befriedigend definieren. Und doch ist es in den allgemeinen Sprachgebrauch übergegangen: „Ich fühle mich voller Kraft und Energie", „Ich stecke voller Spannung", „Ich bin mit meiner Kraft am Ende", „Ich bin voll geladen" usw. sind Ausdrücke, die dieses Phänomen umkreisen.

Energie folgt der Aufmerksamkeit. Sie können Ihre Aufmerksamkeit z. B. in die linke Hand geben. Lassen Sie Ihren Atem sanft dorthin fließen – dazu können Sie zur Hand sprechen: „Meine Hand wird warm." Hat es geklappt? (Manchmal geht's – manchmal nicht). Ebenso können Sie Ihre Aufmerksamkeit einem geliebten Menschen schenken (Ihrem Verliebtheits- oder Liebesgefühl) – und schon wird diese Welt der Liebe Ihren Erfahrungsraum ausfüllen und subtil in kleinen, kaum beobachtbaren Handlungen ihren Ausdruck finden (Blicke, kurze Berührungen, Interessensbekundungen). Ihr geliebter Mitmensch wird es Ihnen (hoffentlich) danken.

Sie können (aus welchem Grund auch immer) Ihre volle Aufmerksamkeit in die Angst vor Unsicherheiten und Gefahren gesteckt haben – und das ganze Leben wird Ihnen gefährlich und unberechenbar vorkommen. Aufmerksamkeit bringt einzelne innere Bezugspunkte zum Erblühen. Abhängig davon, welche dieser Pflanzen Sie mit Aufmerksamkeit begießen, ernten Sie im innerlich gefühlten und im gelebten Leben die jeweiligen Früchte.

Diese Sichtweise gibt Ihnen eine gewisse Verantwortung (besser: die Möglichkeit, sich selbst Antworten zu geben) zurück. Falls Sie je einen Tanzkurs gemacht haben, erinnern Sie sich sicher noch an das „Schritte zählen" im Gedächtnis: „zwei Schritte vor, einen zur Seite". Dabei üben Sie bestimmte Bezugspunkte ein – die dann, irgendwann, von alleine funktionieren. Einen ähnlichen Bezugspunkt kann die Zeitung, die Sie lesen, bilden. In einer Diskussion können Sie sich dann sagen hören, was Sie spontan zu dem einen oder anderen Thema gerade meinen. Natürlich werden Sie die Meinung Ihrer Zeitung nicht 1 : 1 übernehmen, doch wird die Art der Information in Ihnen nachwirken. Wenn Sie möchten, können Sie einen Check machen, welche inneren Bezugspunkte Sie prägen: bestimmte Bücher, Menschen, die Arbeit und Ihr spirituelles Tun. Alles das wird in konkreten Situationen Ihr spontanes Erleben, Ihr Fühlen, Ihr Richtig/Falsch-Empfinden mit beeinflussen. Die Wahlfreiheit, auf welche „Bezugspunkte" wir uns innerlich stützen, ist eine der Errungenschaften unserer postmodernen Zeit.

In der inneren Arbeit wird einsichtig: Kämpfen Sie mit einem bestimmten Gedanken, so geben Sie diesem Gedanken Raum in sich: Ihr innerer Kritiker könnte zu einem bestimmten Projekt z.B. sagen: „Das schaffst du nie!" – sowie Sie mit: „Ich schaffe das doch!" in den Kampf eintreten, wird diese kritische Stimme in Ihnen immer mächtiger. Der innere Kampf (oder sogar Krieg) wird Sie erschöpft und lustlos machen, denn die Energie, die Sie für das eigentliche Projekt benötigen, wird schon in der inneren Auseinandersetzung verbraucht. Sie wehren sich gegen die kritischen Einreden, was natürlich Ihr gutes Recht ist, doch leider ist es so, dass Sie sich auf diese Weise schwächen und den Kritiker in sich nähren.

Finden Sie einen stimmigen Umgang mit dieser kritischen Stimme und entdecken womöglich sogar eine stimmige, freudige Haltung zu ihr, so stoppt Ihr Körper im Gefühl der Freude die Ausschüttung des Stresshormons Adrenalin und produziert für Sie körpereigene Endorphine, Glückshormone. Auf diese Weise stehen Ihnen für Ihr „natural high" strafrechtlich unbedenkliche Opiate zur Verfügung, und als Nebenwirkung wird Ihr Immunsystem stärker, Ihr Gesamtwohlbefinden steigt und Ihre Mitmenschen suchen verstärkt den Kontakt zu Ihnen – und die Anstrengung für Ihr Projekt erleben Sie als positive Herausforderung.

Sie können einen körperlichen Schmerz spüren und dem Aufmerksamkeit geben – oder auf die Suche nach einem gleichzeitig als angenehm empfundenen körperlichen Ort gehen und damit dem Schmerz Raum und Energie nehmen. Vor allem für Menschen mit chronischen Schmerzen ist dieses innere Verhalten sehr bedeutsam. (Ein richtiger Zahnsschmerz allerdings lässt sich keine Aufmerksamkeit nehmen und auch ein voll entfalteter Migräneschmerz entzieht sich jeder Aufmerksamkeitsführung.)

Obwohl Sie vielleicht Ihre ganz persönlichen schwierigen Themen haben, die Ihnen sicher noch eine Weile bleiben werden, können Sie dem Lebendigen in sich Raum geben, also nicht nur an dem hängen bleiben, was nicht geht, sondern sich am Leben erfreuen, wo und wann es sich Ihnen freundlich zeigt. Martin Buber hat einen Weisheitssatz aus den Reden und Gleichnissen des Tschuang Tse übersetzt:

„Viele suchen nach dem, was sie nicht haben – nur wenige suchen nach dem, was sie haben." Dieser Satz betont das Haben, das, was lebt, das Herz, das immer noch schlägt und die Sonne, die trotz allem aufgeht. – Vielleicht möchten Sie sich, ohne meine Interpretation, diesen alten Satz nochmals zu Gemüte führen:

„Viele suchen nach dem, was sie nicht haben – nur wenige suchen nach dem, was sie haben."

Den Achtsamkeitsmuskel trainieren

Aufmerksamkeit, dieses innere und äußere Beziehungsphänomen, funktioniert wie ein Muskel. Ist es für Sie etwas ganz Neues, sich dem inneren Erlebensraum zuzuwenden, so werden Sie wahrscheinlich nach relativ kurzer Zeit ermüden und sich wieder anderen, äußeren Dingen zuwenden wollen. Mit zunehmender Übung wird dieser Muskel stärker und stärker, so dass Sie mehr mit Ihrer inneren Welt „anfangen" können. Sie können weitere innere Wege zurücklegen und auch schwerere Themen leichter für eine Weile auf die Seite stellen, sie zu gegebener Zeit müheloser anpacken und ins Tun kommen. Auch werden Sie leichter willentliche Entscheidungen treffen und über mehr innere Kraft verfügen, um sich im guten Sinne eine erwünschte Selbstdisziplin zu geben.

Bei der Meditation, beim Sport, in der Kunst und bei vielen anderen inneren Tätigkeiten wird dieser Achtsamkeitsmuskel gebraucht und trainiert. Als Nebeneffekt bekommen Sie in höherem Maße das Gefühl, „Herr im eigenen Haus zu sein". Ihre Souveränität wird nach innen und außen wachsen, Sie werden mehr Details wahrnehmen, innerlich wacher und damit auch äußerlich beweglicher und von Stimmungen unabhängiger sein. Sie schöpfen mehr von dem, was „Selbstkompetenz“ und „Ausstrahlung“ bewirkt.

Medizinische Forschungen mit Meditierenden bestätigen jedenfalls den Zusammenhang von Innerer Achtsamkeit und einer Aktivierung des Immunsystems und der Selbstheilungskräfte. Körperliche Schmerzen und psychische Probleme werden leichter bewältigt. Auch der Zusammenhang von Lebensfreude und Gesundheitsvorsorge durch Achtsamkeitsarbeit lässt sich verifizieren.

Im Folgenden eine kleine Trainingsanleitung für den Achtsamkeitsmuskel:

Sie könnten sich jetzt in Ihrer äußeren Welt umschauen, wo Sie gerade auch sein mögen, und diesen Blick wie ein Foto in Ihr Inneres abspeichern, ... dann die Augen schließen und dieses Bild vor Ihrem inneren Auge entstehen lassen ... Jetzt schauen Sie auf, vergleichen Sie Ihr inneres Foto mit der realen Umwelt (Farben, Gegenstände, evtl. Menschen, die Teile Ihres Körpers, die Sie sehen, z.B. Nasenflügel ...). Danach wieder die Augen schließen ... nach innen abspeichern ... innen anschauen ... Augen öffnen und mit der Realität vergleichen ... Sowie Ihnen das keinen Spaß mehr macht, hören Sie bitte damit auf.

Kapitel 5
Körperwissen ist Situationswissen

Brennt das Licht im Kühlschrank, wenn die Kühlschranktür geschlossen ist? Sie können es nur vermuten. Sicher wissen können Sie es nicht. Wollten Sie es überprüfen, müssten Sie ein Loch in den Kühlschrank bohren. Ob das Licht jedoch wirklich aus ist, wenn Sie gerade mal nicht in den durchlöcherten Kühlschrank schauen, können Sie schon wieder nicht mehr wissen. Einigermaßen sicher wissen können wir nur unsere direkte Erfahrungswelt.

Egal in welcher konkreten Situation Sie dieses Buch gerade lesen, diese Situation ist Ihre körperlich fühlbare, sichtbare, riech- und hörbare Situation. Soweit Sie schauen, hören, riechen können, reicht gerade Ihre körperliche Wirklichkeit. Darüber hinaus wissen Sie nicht so recht, wie die Welt ist. Ob das Gebäude, in dem Sie arbeiten, gerade abgebrannt ist, was Ihre Frau/Ihr Mann gerade so treibt, wissen Sie nicht so genau (es sei denn, sie/er befindet sich in greif-/sichtbarer Nähe). Wahrscheinlich ist Ihre Welt ziemlich mit dem Buch ausgefüllt, erst wenn Sie zur Seite schauen oder das Buch weglegen, ist die nächste konkrete Welt für Sie da. (Siehe Seite 27, „Ich schaue, doch nirgends kann ich mich erblicken“)

Sie haben hier im Moment Ihre konkrete Situation, den Rest Ihres Lebens erhalten Sie durch Ihre innere Vorstellungskraft und das Vertrauen in die Konstanz der Dinge und der Personen aufrecht. Sie nehmen wahrscheinlich an, dass Ihr Auto immer noch genau da steht, wo Sie es abgestellt haben, Sie nehmen an, dass auf Ihrem Bankkonto immer noch ein bestimmter Betrag steht, und Sie nehmen an, dass der Rest dieser Welt immer noch so ist, wie Sie es vermuten.

Real und wirklich ist nur Ihr körperliches direktes Umfeld. Natürlich brauchen wir diese Unsicherheit nicht dauernd zur Kenntnis zu nehmen. Dieser Zweifel, den z. B. Eifersüchtige mit einer gewissen Hingabe pflegen, könnte uns mehr als notwendig ist beunruhigen. Das Wissen darum jedoch verleiht unserer jetzigen Wirklichkeit ein größeres Gewicht. Der Ort, an dem Sie gerade sind, ist

Ihre Situation, ist das Jetzt, in dem Sie gerade leben, und nur hier können Sie irgendetwas ändern oder bleiben lassen. Gelebtes Leben (eben nicht gedachtes oder phantasiertes Leben) bedeutet körperlich leben, bedeutet eine ganz konkrete gegenwärtige Situation.

Den Körper ohne Situation gibt es nicht

Ihr Körper lebt in den Situationen, Körper und Situation gehören zusammen. Unser Körper ist immer in/mit Situationen, die sich andauernd ändern. Vielleicht ist Ihre Welt beim Lesen einigermaßen konstant, das kann sich aber sehr schnell ändern. Falls Sie später spazieren gehen, jemanden treffen, Auto fahren, wird sich ihr Körper der jeweiligen Situation sofort anpassen. Taucht beim Spaziergang ein großer Hund auf oder ein attraktiver Mann, eine attraktive Frau (der Hormoncocktail in beiden Situationen unterscheidet sich nur wenig), erleben Sie sich von einer Sekunde zur anderen ganz anders als zuvor.

Sie kennen vielleicht die Situation, alleine im Zugabteil zu sitzen. Kommt nach einer Weile ein weiterer Fahrgast herein und nimmt Platz, so fühlt sich die Situation verändert an.

Den Körper ohne konkrete Situation gibt es nicht. Unser Körper ist jeweils in einer konkreten Situation und kennt sich mit Situationen aus.

Gene Gendlin formuliert dies in einem Satz, mit dem sich lohnt eine Weile zu spielen: „Der Körper ist in einer Situation – und die Situation ist im Körper."

In Ihrer Imagination können Sie sich alles Mögliche vorstellen, z. B., Sie würden sich gerade in Paris am Eiffelturm befinden. Malen Sie das genauer aus, so würden Sie ein komplexes Erleben erschaffen. Innerhalb von Sekundenbruchteilen könnten Sie den Schauplatz wechseln und sich unter die Freiheitsstatue in New York stellen. In unserer Vorstellung von Orten, Lebenszielen, persönlichen Visionen sind wir höchst flexibel. Dagegen könnten Sie jetzt mal versuchen, mit Ihrem Körper zwei Schritte auf einmal zu machen – es wird Ihnen bei aller akrobatischen Begabung nicht gelingen. Unser Körper ist immer in einer bestimmten körperlichen Situation. Unser gelebtes körperliches Leben kann immer nur einen Schritt tun, und zwar genau den nächsten. Damit ist eigentlich klar, wie Veränderung vonstatten geht: indem man genau den jeweils nächsten anstehenden Schritt tut. Die Visionen und Zielorte geben uns die Richtung an; Siebenmeilenstiefel jedoch gibt es nur im Märchen.

Um nicht weiter ins Philosophieren zu verfallen, möchte ich Ihnen einige ganz konkrete Beispiel von Körper geben.

Körper und Situation: Was heißt das konkret?

Nicht nur im Tennis verfügt unser menschlicher Organismus über die Fähigkeit, in Sekundenbruchteilen ohne nachzudenken eine komplexe Situation abzuwägen und eine Reaktion erfolgen zulassen. Unser Körper ist in der Lage, einen anfliegenden Tennisball in seiner Flugbahn blitzartig zu berechnen und präzise zu treffen.

Auch wenn Sie ein Mathematikgenie wären, hätten Sie keine Chance, durch bewusste geistige Anstrengung den Tennisball derart schnell korrekt zu berechnen und in einem bestimmten Winkel zurückzuschlagen.

Dagegen ist unser Körper in solchen komplexen Situationen zu Hause. Beim Tennisspielen können Sie dies bemerken: Da ist kein Unterschied von Tennisschläger, Füßen, Boden, Schwitzen, Ball, Atmung, Feldgröße und Hand. Das alles wird zu *einer* Erfahrung, zu *einer* insgesamt erfahrenen Situation, die ungeteilt zu Ihnen, zu Ihrem Körper gehört.

Fußballspieler und Spielfeld

Ein Fußballspieler, der in das Feld einläuft, erweitert seine Situation, seinen körperlichen Raum um das gesamte Spielfeld. Seine körperlich gefühlte Welt nimmt die Ortung der Mit- und Gegenspieler auf, die Rasenbedingungen, die Spielregeln, eigene Handicaps, mögliche Laufgeschwindigkeiten, Entfernungen: Ihm ist immer klar, wo sich das gegnerische Tor befindet. In dieser komplexen Gesamtsituation wird sich der Fußballspieler spontan und ohne viel Nachdenken bewegen. Der eingangs des Buches bereits erwähnte Philosoph Merleau-Ponty spricht davon, dass dieses Fußballfeld mit allem, was dazugehört, vom Spieler „einverleibt“ wird. Diese Situation gehört für die Zeit des Spielens zu seinem Körper. Der erlebte Bezug zum eigenen Knie wie auch zum Tor hat die gleiche Qualität von Erfahrung.

Teamkonflikte einer Fußballmannschaft oder auch persönliche Probleme einzelner Spieler werden in die komplexe Spielsituation eingerechnet. Die Mannschaft funktioniert dann nicht mehr wie ein Organismus, in dem der eine schon losläuft, während der andere noch gar nicht am Ball ist.

Einparken und Spazierstock

Dieses „Einverleiben“ einer Situation mag für Sie erst einmal befremdlich klingen, doch wie ist es, wenn Sie beim Einparken sanft an ein anderes stehendes Auto anstoßen? Die Berührung des anderen Autos werden Sie körperlich empfinden. So, als ob Sie körperlich das andere Auto berühren würden. Einfacher und ungefährlicher lässt sich das mit einem Spazierstock ausprobieren: beim Gehen mit Stock nehmen Sie den Boden nicht mit der Hand-am-Stock wahr, sondern Ihre wahrnehmende Empfindung wird an der Spitze des Stockes sein. Der Stock gehört nach kurzer Zeit sinnlich-körperlich zu Ihnen (Sie haben ihn sich einverleibt) und Ihre Wahrnehmung vom Boden ereignet sich an der Stockspitze, dort, wo Sie gar keine körperlichen Sensoren haben. Sie können dieses Experiment auch gleich mit diesem Buch durchführen: Fassen Sie das Buch und klopfen Sie damit auf einen festen Gegenstand. – Wo nehmen Sie die Berührung von Buch und Gegenstand wahr? Wahrscheinlich haben Sie sich das Buch „einverleibt“ und nehmen das Auftreffen mittelbar fühlend durch das Buch wahr.

Kugelschreiber und Pappbecher

Während Sie schreiben, nehmen Sie die Spitze des Kugelschreibers auf dem Papier wahr. Der Stift ist Teil Ihrer Körperwahrnehmung. Mit geschlossenen Augen werden diese kleinen Experimente noch eindeutiger erfahrbar. Auf diese Weise ließen sich vielerlei alltägliche Aktivitäten durchspielen und Sie würden staunen, wie oft Sie dieses „Einverleiben" des Körpers entdecken können. Wir sind körperlich kein geschlossenes System, das in einem Hautsack abgeschlossen ist. Das „Drinnen" und das „Draußen" und die Grenze zwischen beidem sind Perspektiven der Wahrnehmung.

Professor Charles Tart, ein führender Vertreter der Transpersonalen Psychologie, beschreibt, ohne es zu bemerken, diesen Vorgang in einer sehr zweifelhaften Übung, bei der er den Teilnehmern den Vorgang der Identifikation demonstrieren will. Er stellt einen Pappbecher in die Mitte der Gruppe und gibt folgende Anleitung: „Schaut den Becher an und fühlt, dass der Becher ein Teil von euch ist. Lasst die Schranken zwischen euch und dem Becher los, lasst eure Energie einfach in den Becher fließen, seid eins mit ihm, erlaubt eurem Geist, in ihn hineinzuströmen." Tart tritt plötzlich auf den Becher und zertrampelt ihn. „Hat jemand Schmerzen gespürt?", fragt er. Die meisten der TeilnehmerInnen empfanden deutliche körperliche Schmerzen. Diese Demonstration sollte zeigen: „Ihr habt gelitten. Ihr habt euch identifiziert." Tatsächlich nutzt Tart die alltäglich-körperliche Eigenschaft des Einverleibens und tritt den TeilnehmerInnen über den Becher in den Körper.

Ein anderes Beispiel: Sie empfinden Gefühle und Symptome, für die Sie in Ihrem ganz persönlichen Leben keine bewusste Quelle finden. Im Einverleibtsein mit anderen Personen und Lebensformen können wir Gefühle und Stimmungen von anderen oder einer Gruppe spüren, als seien diese unsere eigenen. Wir sprechen von „delegierten Gefühlen", wenn die andere Person z. B. Wut und Ärger selbst nicht spürt, jedoch die (einverleibten) Mitmenschen diese Gefühle deutlich wahrnehmen (ohne zu wissen, wo diese Gefühle herkommen). Unser Erlebensraum symbolisiert auch die (nicht gelebten) Erfahrungen unserer Mitmenschen, unseres erweiterten sozialen Körpers.

Wir sind als Menschen viel stärker körperlich mit unserer Welt verbunden als wir im bewussten Alltag bemerken: So sind wir mit der uns umgebenden Landschaft, dem Wetter und auch den Räumen, in denen wir uns aufhalten, untrennbar verbunden. Im Erleben finden wir als Folge dessen vielleicht schwer zuzuordnende Stimmungen, manchmal auch Kopfschmerzen, oder in einer Urlaubslandschaft ein unendlich freies Gefühl.

Wo immer Sie einverleiben oder einverleibt sind, können Sie mitleiden, sich mitfreuen, sind Sie in Verbindung mit. Sie leben mit und teilen gleichzeitig das Risiko des Verletzt-Werdens. In Ihrer Familie beispielsweise leben Sie vor allem bei den Kindern, aber auch bei Katze oder Pflanze spürend mit und nicht umsonst hat die frühe Christenheit die Gemeinde als einen Leib mit vielen Gliedern (Mitgliedern) gedeutet. Von dort kommt der Satz: „Wenn ein Glied leidet, so leidet der ganze Leib."

Lassen Sie sich einverleiben

Würden wir unseren Alltag verlangsamen oder in tiefer innerer Aufmerksamkeit wahrnehmen, so ist jeder Augenblick von myriadenhafter Reichhaltigkeit. Jede einfache Handlung erfordert von uns eine enorme Vielfalt von Vertrautem, Erlerntem, Gespür für die Situation, Verständnis für das Leben, die Menschen. All das funktioniert in aller Regel jedoch mühelos und wie auf einmal. Würden wir bewusst jeden Aspekt einer Situation einzeln entscheiden müssen, wären wir restlos überfordert. Unser Körper hat die Fähigkeit, eine Situation als Ganzes zu begreifen und stimmig zu reagieren. Allein wenn wir zu einem nicht besonders engen Freund in angemessener Weise „Guten Tag" sagen, sind in diese Situation die vielfältigsten Optionen eingefaltet.

Wir tun und handeln im Alltag in vielfältigen Situationen und sind auch all das – *bewusst* „haben" wir jedoch nur einige wenige scharf umrissene Einzelheiten davon.

Wäre nur das bewusste Ich für unsere Handlungen und unser Wissen verantwortlich, wie könnten wir dann Rad fahren, tanzen oder denken lernen? Wir verfügen über viele Fähigkeiten, die wir nicht bewusst begründen können. Versuchen Sie sich bei Handlungen zu beobachten, die augenblickliche Reaktionen erfordern: Wenn sie gleichzeitig mehrere schnelle Bewegungen machen, wenn Sie in einer verkehrsreichen Straße Auto fahren, wenn Sie eine handwerkliche Arbeit verrichten, ist Ihr bewusster Intellekt nicht in der Lage, jedes Detail zu beobachten. Er bräuchte Stunden, um einzelne Zusammenhänge zu erkennen und in dieser Genauigkeit begründet zu handeln. Es wäre ein völlig aussichtsloses Unterfangen, wollte man diese vielfältigen, subtilen Vorgänge sprachlich repräsentieren, um sie für andere nachvollziehbar und über sprachliche Vermittlung erlernbar zu machen. Lernen und Wissen funktioniert vor allem über das Hineingenommen-Werden, über das körperliche Einverleibt-Werden von jemanden, der/die etwas Bestimmtes weiß und kann. Lehrer, die ihren „Stoff" einverleibt haben und begeistert aus dieser Einverleibung heraus sprechen, machen das Lernen leicht und vergnüglich. Lernende schwimmen bei ihnen quasi einverleibt im Wissensstoff und nehmen nicht nur kognitiv, sondern über alle Poren auf.

Aus der interdisziplinären Arbeit von Quantenphysik und Neurobiologie stammt die Annahme, dass der bewusste sprachlich-soziale Austausch über eine Bandbreite von 16 Informationseinheiten (bit/Sek.) erfolgt. Unser unmittelbarer gesamtkörperlicher Austausch mit der Umwelt erfolgt über eine Bandbreite von vielen Millionen Informationseinheiten (bit/Sek.). „Daher können wir das Meiste, was wir über uns und die Welt verstehen, gegenseitig nicht sagen." (Tor Norretranders) Unser Körper ist hier der Schnellere, er rechnet komplexe Situationen aus und handelt gleichzeitig, während das bewusste Ich noch kaum eine Ahnung davon hat.

Focusing ist nur eingeschränkt sprachlich beschreibbar

Wir sind so stark an diese Phänomene gewöhnt, dass wir nicht bemerken, wie erstaunlich und unerklärlich sie sind. Ihre volle Komplexität lässt sich beim gegenwärtigen Stand unserer wissenschaftlichen Erkenntnisse (noch) nicht überprüfen, weil unsere moderne Wissenschaft viele körperliche und ganzheitliche Prämissen nicht kennt. Das gilt auch für die Neurobiologie, die als Disziplin noch ganz am Anfang steht, erst einzelne Erfahrungen erklärt und bei weitem noch nicht als eine vollständige Wissenschaft betrachtet werden kann. Die Haupterkenntnis der hier beschriebenen Phänomene ist noch auf die Selbst- und Fremdbeobachtung angewiesen, die jedoch über Jahrtausende alte Traditionen in allen Kulturen verfügt und in der Phänomenologie philosophisch reflektiert wird.

An dieser Stelle angelangt, verspüre ich beim Schreiben eine gewisse innere Unruhe: soll dieses Kapitel doch den Kern dessen vermitteln, was mir wichtig und bedeutsam ist. Ich möchte Ihnen das Herzstück des inneren Veränderungsprozesses, den wir mit „Focusing" bezeichnen, so lebendig und nachvollziehbar wie möglich schildern. Doch entzieht sich dieses Phänomen weitgehend einer direkten sprachlichen Beschreibung. Die Erfahrungsebene der innerlich erlebten Veränderung ist viel weiter und tiefer, als Worte reichen. Das Raster der Worte ist häufig für diese mannigfaltigen inneren Ereignisse zu grob und Sprache erschafft sogleich Konzepte, die weniger und anderes hervorheben als gemeint ist. Der innere Veränderungsprozess lässt sich ebenso wenig in feste Konzepte fassen wie die innere Arbeit von Künstlern, das körperlich geschickte Tun der Handwerker und das intuitive Erkennen von Forschern. Bedeutungsvolles Wissen ist stumm und vermittelt sich auch nicht kognitiv. Zugleich ist Veränderungswissen nicht esoterisch oder sonstwie unvertraut.

Angesichts dieser sprachlichen Not habe ich mich entschieden, zunächst einige Beispiele zu geben und auf Ihr Verstehen zu vertrauen. Auch Worte, Tanz, Handfertigkeiten bis hin zu wissenschaftlicher Forschung lernen wir nicht durch langes und gründliches Darüber-Nachdenken, sondern durch Mitmachen, Ausprobieren, Anwenden. Und in diesem Sinne sind Sie eingeladen, die folgenden Beispiele innerlich mitzumachen und nachzuvollziehen:

Auf dem Weg zur Praxis fällt mir plötzlich ein: „Ich habe etwas vergessen." Dieser Einfall ist nicht ein Gedanke neben anderen Kopf-Gedanken – die Erkenntnis schießt vielmehr spontan in den Bauch, ich bemerke, wie mein Körper die Luft anhält und sich ein gewisses Erschrecken in mir breit macht. Mein Gehirn läuft auf Hochtouren und fragt sogleich nach dem „Was?", meine Nebenniere mischt offensichtlich etwas Adrenalin dazu und lässt mich hellwach und aufgeregt werden: „Was ist das, was ich vergessen habe?" Ich „weiß", vielmehr: ich spüre deutlich, „Ich habe etwas vergessen", nur ist mir noch nicht bekannt, um was es sich handelt.

Diese kleine Begebenheit ist eine typische Körper-Äußerung, mit der sich der Körper konkret melden kann. Das „Ich" wird durch ein diffuses, unbehagliches Körpergefühl im Bauch zunächst darauf aufmerksam gemacht, dass etwas nicht stimmt – damit weiß „ich" im ersten Schritt mehr als vorher, auch wenn die inhaltliche Antwort noch nicht klar ist.

In dieser alltäglichen Begebenheit übermittelt mein Körper mir eine wichtige, in Vergessenheit geratene Botschaft. Mein Körper kommuniziert in seinen vorsprachlichen Möglichkeiten, ähnlich wie noch nicht sprechende Kleinkinder und Tiere mit sozialem Verhalten. Ein Hund bellt, winselt und zwickt sein Herrchen, um auf etwas Wichtiges aufmerksam zu machen. Ein Kleinkind weint und schreit, bis Eltern die richtige Antwort finden und eines der überschaubaren Grundbedürfnisse nach Nahrung, Nähe, einer trockenen Windel, Lageveränderung, Abwechslung befriedigt haben. Auch eine Hauskatze kann ihrer Bezugsperson ziemlich genau mitteilen, was als Nächstes zu geschehen hat.

Mit unserem Körper sind wir Menschen wie Pflanzen, die mit Luft, Sonne und Erde in stetem Austausch leben, und wir sind auch wie Tiere, die über feine Antennen, Ahnungen und altes vorsprachliches Wissen verfügen.

Ein weiteres Beispiel: Stellen Sie sich vor, Sie sind mit einem erfahrenen Bergführer auf einer Gebirgstour. Das Wetter ist gut, die Aussicht hervorragend. In dieser Situation teilt der Bergführer der Gruppe mit, er habe irgendwie ein ungutes Gefühl im Bauch und wolle sofort umkehren. Würden Sie für Weitergehen oder Umkehren plädieren? Würden Sie der Ahnung des erfahrenen Bergführers vertrauen? Durch seine jahrelange Verbundenheit zu den Bergen, dem Klima, der Luft und vielem mehr, das wir gar nicht bemerken, nimmt der Bergführer „instinkthaft" wahr. Sprachlich-rational kann er nicht begründen, warum die Situation gefährlich werden könnte. Und doch weiß er es genau und mit klarer Bestimmtheit.

Diese „instinkthafte" Wahrnehmung ist nicht nur irgendwelchen Naturburschen vorbehalten. Guten Ärzten sagt man nach, sie würden über die Gerätemedizin hinaus ein Gefühl zu ihren Patienten bekommen und aus ihrer Intuition schöpfen. Erfolgreiche Personalchefs stellen Mitarbeiter, neben der Sachqualifikation, nach ihrem Bauchgefühl ein.

Vielleicht haben Sie schon einmal ein Gedicht geschrieben? Inmitten des Schreibens gibt es ein Steckenbleiben. Sie können den bisherigen Text immer wieder lesen und die nächste Zeile versuchen, aber es passt nichts. Sie ist noch nicht da und doch können Sie genau spüren, was passen wird. Diese noch leere Zeile weiß genau, was stimmt, und wird alle möglichen nächsten Zeilen ablehnen, die Sie versuchen. Manche nächste Zeile mag schön sein, doch passt sie nicht hierher. Sie haben ein bestimmtes körperliches Gefühl dafür, was genau hier zu stehen hat. Kommen die stimmigen Worte, spüren/wissen Sie ohne jeden Zweifel: Das passt! Wahrscheinlich werden dieser Erkenntnis ein spontanes kleines Aufatmen und eine körperliche Entspannung folgen.

Jemand, der an Begriffen und rationalen Konzepten orientiert ist, wird dem, was noch nicht konzeptualisiert ist, was (noch) keine Sprache hat, also undefiniert ist, nur schwer vertrauen können.

Dieses bestimmte Gefühl von „Ich weiß schon – kann es aber noch nicht sagen“ ist etwas Offenes, noch nicht begrifflich Geformtes, welches noch ganz mit dem Erleben verbunden ist. Dieses „Noch-nicht-Wissen“ ist vom Erleben her geformt und daher genauer und tiefer als Worte sein können. Der Körper kennt bereits das Gedicht in seiner gefühlten Ganzheit, in seiner Stimmung, Sehnsucht und Ergriffenheit, die gerade ihren Ausdruck findet, und kann somit genau angeben, welche Worte in welchem Stil stimmig sind.

Auch auf meiner oben beschriebenen Fahrt zur Praxis stellten sich dieses „Aha, genau das passt!“ und ein Aufatmen ein, nachdem ich meinem Körpergefühl alle möglichen Vorschläge gemacht hatte. Ich fragte mich: Ist es der Geldbeutel, den ich vergessen habe? Der Schlüssel? Wollte ich etwas Bestimmtes mitbringen? Doch die Anspannung veränderte sich nicht. Bis irgendwann auftauchte: „Auto zur Inspektion.“ Sofort fühlte ich mich besser und entspannt: „Ja, das ist es.“ Obwohl es unangenehm und peinlich war, der Werkstatt mitzuteilen, den Termin vergessen zu haben, fühlte sich das Leben sogleich wieder fließend und gut an.

Jede unerledigte Angelegenheit hinterlässt einen unangenehmen körperlichen „Spürhof“ von „Da stimmt noch was nicht.“ Auch wenn Sie die Angelegenheit verdrängen, ist dieses Hintergrundgefühl doch wirksam. Ihr Körper trägt solche unvollständigen Situationen in sich und Sie bemerken nur noch ein allgemeines Bedrückt- oder Nicht-frisch-Sein.

Oder: Sicher haben Sie schon Ähnliches erlebt: Sie treffen einen Bekannten und der Name ist weg. Er liegt Ihnen auf der Zunge, Sie wissen „alles“ über diese Person. Sie können innerlich alle männlichen Vornamen aufzählen und spüren/wissen ganz genau, wie jeder Name zu dem, was Ihnen körperlich auf der Zunge liegt, nicht passt. – Bis dann hoffentlich ein Aufatmen kommt und klar ist: Das ist Uwe!

Oder: Achten Sie einmal darauf, wie es sich anfühlt, jemand anderem von einer – vielleicht lustigen – Begebenheit zu erzählen. Sie können bemerken, dass Sie „von irgendwoher" erzählen. Sie haben die ganze Geschichte in sich, die jedoch nicht genau Wort für Wort aufgefädelt, wie auswendig gelernt, aus Ihnen herauskommt. Vielmehr können Sie sich gleichzeitig selbst zuhören, während Sie erzählen. Das Sprechen ereignet sich, es ist wie eine körperliche Tätigkeit, wobei Worte, Sätze und Bilder zu dem, was Sie sagen wollen, hinzukommen. Der Text ist nicht schon fertig in Ihnen. Vielmehr gibt es in Ihnen ein Gesamtgefühl von „die ganze lustige Geschichte mit dem kaputten Auspuff". Und aus diesem Ganzen entsteht die Sprache. Am deutlichsten kann Ihnen dieser Vorgang werden, wenn Sie die Geschichte in einer Fremdsprache, die sie nicht so gut beherrschen, erzählen wollten. Sie haben „es" dann in sich und Sie ringen und suchen nach einigermaßen stimmigen Worten und Metaphern für das Ereignis. Dabei werden Sie bemerken, wie das noch Unausgesprochene richtiggehend drückt und gesagt werden will, aber mangels Worten einen gewissen körperlich fühlbaren Stau in Ihnen erzeugt. Übrigens berichtet Einstein, er habe seine Theorie 15 Jahre lang unbehaglich im Körper gespürt, bis sie endlich aus ihm herausgebrochen sei und in Sprache geboren wurde.

Oder: Sie betreten einen Raum und bemerken sofort: Hier unterhalten sich Menschen ernst, tief und persönlich. Das Gefühl von „Ich störe hier" entsteht so blitzschnell, wie Sie nicht einmal mit dem schärfsten Verstand diese Situation wahrnehmen und analysieren können. Und doch entspricht Ihre Wahrnehmung mit hoher Wahrscheinlichkeit der Realität. Wie Sie das erkennen konnten? Ihr Körper kann es und kann noch viel mehr.

Sie können sich in allen möglichen Situationen fragen: „An was bemerke ich, dass dieses oder jenes stimmt?" In den seltensten Fällen wird die Antwort so logisch sein wie eine mathematische Gleichung. Meistens werden Sie sagen: „Irgendwie spüre ich, merke ich, dass es stimmt." Ihr Bezug wird ein ganz bestimmtes körperliches Empfinden, eine Art von Stimmigkeitserfahrung sein.

Oder: Sie sind im Gespräch mit jemanden und spürbar entsteht eine überschießende Wut und Aggression, die vom Bauch her mehr und mehr Ihren gesamten Körper durchflutet. Das Gespräch kann so nicht weitergehen, es wird deutlich: „Da stimmt was nicht“, und wie Sie diese Erfahrung in solchen Momenten auch immer deuten, Sie können die körperliche Antwort in dieser Situation nicht so ohne weiteres übergehen, obwohl Sie diese Art von Energie nicht bewusst herbeigerufen haben. Ihr Körper hört mit, antwortet auf seine Weise und will auch für diese Antworten eine gewisse Berechtigung zugestanden bekommen.

Kapitel 6
Vom Körper zum Focusing

Die Genialität von Eugene Gendlin, dem Begründer von Focusing, liegt darin, eine Theorie und vor allem eine Praxis gefunden zu haben, die es ermöglicht, unserem schweigend eingefalteten körperlichen Wissen und der darin verborgenen körperlichen Intelligenz zur Sprache zu verhelfen und sie damit zugänglich zu machen. Stellen Sie sich vor, Sie haben ein Problem zu lösen und alle diese Fähigkeiten des Körpers stehen Ihnen zur Verfügung. Ihr Körper arbeitet mit Ihnen an einem konkreten Problem – wäre das nicht wunderbar? Sie haben ein Problem, welcher Art auch immer, und Ihr Körper steht Ihnen als Partner zur Seite, mit all Ihren bisher gemachten Erfahrungen und allem Wissen und all seinen Fähigkeiten.

Diese Fähigkeiten sind unter anderem:

- Die faszinierende körperliche Intelligenz und Reaktionsfähigkeit,
- die körperliche Eigenschaft des Einverleibens, des in Verbindung-Seins mit, ...,
- die körperliche Fähigkeit, Situationen durchdringend wahrzunehmen,
- das wissende, unbehagliche Gefühl im Bauch,
- die Fähigkeit, zu ahnen und daraus stimmige Entscheidungen zu treffen,
- die Worte, die wir genau wissen, aber nur auf der Zunge liegend spüren,
- die unvollständigen Situationen, die unser Körper (bedrückend) mit sich trägt,
- Sprache, die von einem körperlich fühlbaren Irgendwoher entsteht,
- Intuition und genaue Deutung der „unsichtbaren" Wirklichkeit,

- Zugang zur Wirklichkeit, die weiter und tiefer ist als unser sprachliches Fassungsvermögen und über unsere bewusste Realität hinausgeht,
- Kraft und auch Wutenergie, die zur Abgrenzung oder Kontaktaufnahme taugt

  und, und und …

Ist es angesichts dieser menschlich-körperlichen Fähigkeiten nicht erstaunlich, dass die meisten von uns den Weg des Sich-Einlassens in diese körperliche Dimension gar nicht kennen oder sogar fürchten?

Es scheint uns zu widerstreben, etwas zu unternehmen, das über Verstandeslogik und bewusste Kontrolle hinausgeht. Vielleicht erinnert uns der Körper auch in unheimlicher und erschreckender Weise daran, dass wir wie die Welt sind – innerlich verletzlich und äußerlich verwundbar –, dass wir Natur sind und aus Blut, Schleim und Körperflüssigkeiten bestehen. Unsere Kultur tabuisiert diese Körperwelten und vergisst dabei auch das Wissen der alten Traditionen.

Wir vermeiden diesen körperlich-wissenden Weg und erfinden alle möglichen Entschuldigungen, um auf keinen Fall ruhig zu werden und nur mit dem achtsam zu sein, was unser Körper uns darüber erzählt, wie es uns gerade geht.

Sich mit Hilfe des Focusing auf den Körper einlassen

Sie könnten jetzt die nächsten ca. 15 Minuten mit Hilfe des Focusing eine Person in Ihrem Umfeld ergründen. Das geht so: Sie wählen für das kleine Experiment eine Person in Ihrem Leben aus, mit der Sie gerade keinen intensiven Konflikt haben und in die Sie aktuell auch nicht verliebt sind. Lassen Sie sich Zeit, diese Person zu finden: „Wen möchte ich mir mal näher anschauen?" … Wenn Sie sich dann entschieden haben, stellen Sie die Person nochmals kurz beiseite – wir kommen gleich auf sie zurück. Empfehlenswert ist, jetzt einige tiefe Atemzüge zu nehmen, sich zu bewegen oder zu dehnen, damit Ihr Körper sich für das kleine Experiment frischer und freier anfühlt. Lassen Sie sich ruhig Zeit damit, ohne frische innere Luft gehen solche Experimente nur schwer. Spüren Sie auch Ihre augenblickliche Befindlichkeit, „Im Moment fühle ich mich ...“ (bitte lassen Sie sich Spür-Zeit). Nehmen Sie etwas Abstand zu den Dingen, die Sie gerade beschäftigen und lassen Sie einen freien Raum in sich entstehen. Erlauben Sie sich, Ihre momentane Spannung wahrzunehmen und zuzulassen – versuchen Sie nicht, sie zu verändern – leisten Sie dieser Spannung oder was auch immer sein mag vielmehr Gesellschaft, ohne darin zu versinken und ihr nachzugeben. Atmen Sie und richten Sie es sich für eine kleine Zeit gut in sich selbst ein. Vielleicht wollen Sie sich auch etwas bequemer hinsetzen?

Dann erst ist die richtige Zeit für den nächsten Schritt: Nehmen Sie Ihre Achtsamkeit in den inneren Brust- und Bauchraum und fragen Sie sich: „Welches Gesamtgefühl habe ich zu dieser Person?“ Warten Sie eine kleine Weile (ca. 60 Sekunden), um Ihr inneres Alles-über-diese-Person entstehen zu lassen. Erfassen Sie dabei die ganze Qualität Ihrer Beziehung zu ihm oder ihr, ohne sich auf bestimmte Aspekte, Gedanken oder Vorstellungen zu konzentrieren. Bitte vollziehen Sie diese Anleitung langsam, ... vielleicht noch langsamer ... innerlich mit. Nehmen Sie alles zusammen und lassen Sie es ein Ganzes sein. Alles, was mit der Person zu tun hat, all die Situationen, all die vergangenen Erfahrungen, alle Menschen, die damit zu tun haben, alles, was Sie über die Person wissen und alles, was Sie nicht wissen, alles, was war und auch alles Ungewisse, was noch kommen wird. Das alles lassen Sie ein Ganzes werden.

Wahrscheinlich werden Sie dabei eine etwas verschwommene, vage Gefühlsqualität zu der Person finden. Eine Qualität, die alles einschließt, was Sie jemals mit ihm oder ihr erlebt haben und alle Interaktionen, die Sie mit der betreffenden Person hatten. In diesem vagen „Alles über ...“ verdichtet sich, was Sie an Freude, Ärger, Enttäuschung, Beglückendem, Verletztem erlebt haben, darin sind auch die unterschiedlichsten Lebenszeiten eingefaltet. Haben

Sie die Achtsamkeit im Brust- und Bauchraum, so können Sie bemerken, dass bei diesem Gesamtgefühl „Alles zu ..." keine speziellen Erinnerungen, Vorstellungen oder Gefühle wahrnehmbar sind. Dieses Gesamtgefühl impliziert ihre gesamte Erfahrungswelt mit der betreffenden Person.

An dieses Gesamtgefühl „Alles über ..." können Sie Fragen stellen, z.B.: „Was ist mir für mein Leben das Wichtigste an diesem Menschen?" Die Fragerichtung geht wieder in Richtung Ihrer Körpermitte, als ob Sie innerlich wie leise sprechend diese Frage an Ihre Mitte stellen würden ... Warten Sie, Ihr Körper braucht etwa 60 Sekunden, bis das Gesamtgefühl, der so genannte „Felt Sense" antwortet. Dann hören Sie dem, was entsteht, ein wenig zu. Sie können nach einer Weile die Frage an Ihre Mitte wiederholen und warten, was noch alles dazu entstehen will. Danach können Sie weitere Fragen stellen und wieder innerlich zuhören und entgegennehmen. Seien Sie bitte nicht mit dem ersten entstehenden Gedanken zufrieden, bleiben Sie noch eine Weile dabei. Das Neue, Bedeutsame kommt erst etwas später. Wichtig ist, dass Sie nicht ins Darüber-Nachdenken kommen, sondern im Körperlich-Fragen verweilen. Also: „Welchen Aspekt meines Lebens repräsentiert diese bestimmte Person?"

Sie können auch den Felt Sense anfragen, was eine gute Frage für die betreffende Person sein könnte und diese Frage dann innerlich stellen ... ... Zum Beenden des Experiments können Sie wiederum nach innen fragen: „Was ist für mich ein klein wenig neu? – Was habe ich so noch nicht gewusst?" Vielleicht war etwas für Sie dabei.

Was ist der Felt Sense?

Das Gesamtgefühl „Alles über ..." ist das Herzstück des Focusing. Gene Gendlin hat diese Erfahrung mit dem englischen Kunstwort „Felt Sense" bezeichnet. Ins Deutsche lässt sich der Begriff nicht wirklich übersetzen, „felt" meint „gefühlt" und „sense" hat die Doppelbedeutung von „Sinn, Verstand" sowie zugleich von „spüren, fühlen". Also könnten wir sagen: gefühlter Sinn und zugleich gefühltes Spüren. Gene Gendlin selbst, der aus Wien stammt, möchte diesen Begriff nicht ins Deutsche übersetzt haben. Das unklare Kunstwort Felt Sense soll das benennen, was mehr als Worte ist. Dieses Wort steht für die Erfahrung der körperlich gefühlten Gesamterfahrung „Alles zu …", es steht für das noch nicht Entfaltete, noch nicht Gewusste, noch nicht Gefühlte, für die verschwomme und vage körperliche Resonanz zu einem inneren oder äußeren Ereignis. Damit braucht der Begriff Felt Sense eine offene und weite Bedeutung.

Gene Gendlin hat sein gesamtes Leben der Erforschung des Felt Sense gewidmet. Neben den alten Philosophen beschäftigte er sich vor allem mit Dilthey (Ganzheiten und Strukturen), Heidegger (Befindlichkeit), Wittgenstein (Sprache), Merlau-Ponty (Körper) und Williams James (Erlebensfluss). Diese Konzepte gehen unmittelbar ein in die konkrete Arbeit mit Menschen. Über den Felt Sense erfahren viele Menschen Lebensveränderungen und Lösungen aus sich selbst heraus, aus dem eigenen Körper.

Ein weiterer Bezugspunkt Gene Gendlins ist die Psychotherapie. Er trat in Chicago die Nachfolge seines Lehrers Carl Rogers an, dem Begründer der Personzentrierten Psychotherapie. Gene Gendlin betrieb seinerzeit empirische Forschung in der Psychotherapie. Mit Carl Rogers war er historisch einer der ersten, die Tonbandaufnahmen mit Klienten analysierten und Klienten befragten auf der Suche nach dem, was in der Psychotherapie tatsächlich wirkt und verändert.

Philosophie und Psychotherapie haben sich in seiner Person gekreuzt, herausgekommen ist eine praktische Methode: Focusing, eine Haltung, eine Art und Weise, mit sich selbst und dem Körper zu sein.

Gene Gendlins vielfältige Bezugspunkte und seine praktischen Erfahrungen mit Klienten waren wohl der Nährboden dafür, den Felt Sense, etwas ganz Natürliches, zu entdecken und sprachlich umschreiben zu können.

Die Bedeutung des Felt Sense

Das Besondere am Felt Sense besteht darin, dass er mit dem Gesamtwissen, der Inneren Weisheit, der Intelligenz und dem Prozesshaften des Körpers verbunden ist. Mit dem Felt Sense ist unser Körper mit allen seinen erstaunlichen Fähigkeiten arbeitsfähig. Wir können uns also einem Thema oder Problem zuwenden und haben einen mächtigen Verbündeten, der Wege kennt, Lösungen ahnt und über Energien verfügt, wie sie uns höchstens aus unseren Träumen bekannt sind. Im Focusing stellen wir einem Problem unseren Körper mit all seinen Erfahrungen und seiner Kreativität gegenüber – und wird dieser angemessen körperlich angesprochen, so entstehen Antworten, eröffnen sich neue Gefühle, klare Einsichten und frische Energien, die vorher nicht zugänglich waren.

Bei aller persönlichen Begeisterung will ich nicht den Eindruck entstehen lassen, Focusing sei eine neue Heilslehre oder das Allheilmittel, nach dem Motto: Nehmen Sie Focusing und es geht Ihnen rundum gut, dazu gibt es gratis den sicheren Platz im Himmel. In der Focusingarbeit sind wir in erster Linie Menschen, die suchen und immer auch unvollständig bleiben werden. Umso schöner ist es, wenn dann doch immer wieder Erfahrungen möglich werden, die verblüffen, und wenn spontan deutliche Veränderung eintritt.

Meine erste Erfahrung mit Focusing hatte ich während meiner Ausbildung in Personzentrierter Psychotherapie (Gesprächspsychotherapie). Es war nur eine Einführung von weniger als zwei Stunden, somit habe ich nicht viel gewusst, aber in mir war nach anfänglichem Zögern ein klares Gefühl entstanden, das bedeutete: „Genau das will ich“, „Hier bin ich daheim“. Als ich nach der Fortbildung wieder zu Hause ankam, klagte meine Frau Silvia über einen schmerzhaften Druck im Kopf, vor allem in den Augen. Sie war bereit, das Neue, das ich soeben gelernt hatte, am eigenen Leib auszuprobieren. Mit meinem eigentlich noch gar nicht vorhandenen Focusingwissen lud ich sie erst einmal ein, es sich körperlich bequem zu machen und dann den Schmerz in Kopf und Augen mit der Körpermitte zu verbinden und dort zu verweilen.

Ziemlich schnell entfaltete sich eine deutliche Wut. Sie blieb bei dieser Wut und fragte: „Was ist so wütend in dieser Wut?" Unerwarteterweise bezog sich diese Wut auf eine Freundin. Aus dem Felt Sense entstand eine übergangene kränkende Situation und ein klares Beziehungsgefühl zu dieser Freundin. Der Prozess war von einem stimmigen körperlichen Gefühl begleitet. In Silvias Augen standen ein paar Tränen, der Druck in Kopf und Augen war gewichen, zugunsten eines frischen, lebendigen Gefühls. Sie fühlte sich entspannt und hatte einige neue und wichtige Erkenntnisse über die Beziehung zu ihrer Freundin gewonnen. Ich war ziemlich angerührt, begeistert und zugleich verwundert, wie leicht und schnell (das Ganze hatte ca. 25 Minuten gedauert) Veränderung geschehen kann und wie spielerisch und überraschend sich ein innerer Prozess entfaltet. Später, nach mehreren vergleichbaren Erfahrungen, kam es mir vor, als hätte ich bislang in meinen Therapien nur mit Schwachstrom gearbeitet und sei durch Focusing auf einmal zum „Starkstromelektriker" geworden.

Mit diesem Anfängergeist lief zunächst alles wunderbar, was nicht bedeutet, dass mein Focusing-Therapeutenleben immer so weitergegangen wäre. (Steckenbleiben, Lernen durch Fehler – wie sonst? – und kollegialer Austausch bleiben mir bis heute nicht erspart.)

Kleine Anleitung zum Felt Sense

Einen Felt Sense können Sie zu jedem beliebigen Thema und Lebensbereich entstehen lassen. Entstehungsbedingungen für den Felt Sense sind:

1. die Innere Achtsamkeit, (siehe „Innere Achtsamkeit" Seite 61),
2. Aufmerksamkeit im Brust- und Bauchraum.

Dann können Sie „Alles über ...", also den Felt Sense, entstehen lassen.

„Alles über" einen körperlichen Schmerz oder „Alles über" die Hintergrundstimmung, die Sie gerade haben, oder „Alles über" ein bestimmtes Problem. Den Entstehungsprozess des Felt Sense können Sie unterstützen, indem Sie das „Alles über ..." folgendermaßen anfragen:

„Nimm alles zusammen, was du darüber weißt, alles, was damit jemals war, alle Erfahrungen, die du damit gemacht hast, alles Vergangene und auch alles, was du darüber nicht weißt, und alles, was daraus werden wird. – Lass das alles ein Ganzes werden."

Der Felt Sense braucht etwa 60 Sekunden, bis er in Ihnen entsteht. Sie werden dann ein kaum spürbares, vages, wenig versprechendes, verschwommenes Gesamtgefühl in der Brust-/Bauchgegend wahrnehmen. Das ist es – das ist erst einmal alles.

Erstes Symbol: der Griff

Jetzt verweilen Sie mit einer frei schwebenden, absichtslosen Aufmerksamkeit (siehe Absichtslosigkeit, Seite 73) bei diesem Felt Sense und fragen sich: „Dieses Ganze ist wie … ?" Lassen Sie Ihr Inneres frei, damit was auch immer sich symbolisieren kann. „Das Ganze ist wie …?" Vielleicht erfolgt die Antwort in Form einer Überschrift, eines inneren Bildes, einer Körperempfindung … (siehe „Die inneren Sinne", Seite 52)

Nach einer Weile steigt ein erstes Symbol für dieses Ganze auf. Häufige erste Symbole (Umschreibungen) für den Felt Sense sind: „schwer", „unruhig", „kribbelig", „besorgt" und andere Eigenschaftswörter. Diese ersten Symbole brauchen für sich noch keinen Sinn zu ergeben, und können auch in der Art einer Überschrift oder eines Buchtitels erscheinen, z.B.: „Ich mag nicht mehr", „Flüchten oder Standhalten", „Lieben und Sterben" …

Das ist der erste Schritt, sich der Gesamtatmosphäre des Felt Sense in etwa anzunähern. Gene Gendlin nennt das erste Symbol einen „Griff". Das Gesamtgefühl, versteht man es als Koffer, bekommt dadurch einen Griff. Damit wird es handhabbar, lässt sich erkennen, wiederfinden und unterscheiden. Jetzt ist der Felt Sense nicht nur vage, sondern hat schon ein erstes wiedererkennbares Merkmal.

Fragen Sie sich: „Stimmt dieses erste Wort (Bild, Überschrift) wirklich?", „Ist es genau so?", „Ist da noch etwas Stimmigeres?"

Passt der erste Schritt, so werden Sie ein wenig Erleichterung empfinden. Häufig entsteht ein kleiner Atemzug, der besagt: „Aha, ja, es stimmt."

Der Felt Sense antwortet

Nun können Sie diesem Felt Sense Fragen stellen. Dazu können Sie einige der folgenden Fragen ausprobieren. Je nachdem wie Ihr erstes Symbol lautet, können Sie die nächste Frage nach folgendem Modell formulieren: Ihr erstes Symbol war „kribbelig". Frage an den Felt Sense (Richtung Brust und Bauch): „Was ist so kribbelig daran?" oder nehmen wir an, Sie hatten ein inneres Bild, z.B. einen See, dann betrachten Sie diesen See eine Weile genauer und fragen den Felt Sense: „Was daran ist so wie dieser See? Was ist so see-ig?" oder bei Gefühlen: „Was ist das Traurige in der Trauer?", „... das Wütende in der Wut?", „... das Langweilige in der Langeweile?"

Die Struktur der Fragen ist offen, was meint, Sie zielen auf kein Ergebnis. Die Frage kommt mit dem Felt Sense in Berührung und damit wird sich etwas ereignen, was wir nicht vorwegnehmen können. Der Sinn dieser Art von Frage ist, den Prozess des Entfaltens anzuregen. Die Fragen sollen helfen, das entstehen zu lassen, was schon im Felt Sense vororganisiert ist.

Ob eine Frage taugt, bemerken Sie an einer inneren Veränderung. Das vage Gefühl entfaltet und konkretisiert sich. Im Focusing nennen wir diesen Vorgang „Explizieren". Gemeint ist die Bewegung vom vagen Felt Sense hin zum klaren Wort, Gefühl, Bild, Körperempfinden oder zur Bedeutung.

Nach dem inneren Schritt des Explizierens fühlt sich der Felt Sense gleich etwas anders an. Ein Focusing-Prozess braucht meist mehrere solcher Schritte:

- den Felt Sense wahrnehmen, das erste Symbol finden (z.B Symbol „X"),
- den Felt Sense anfragen (mit „Was ist daran so x-ig?"),
- Verweilen im Körper, warten, was auftaucht, und dem, was kommt, freundlich Raum geben.

Lassen Sie das Symbol (Wort, Bild ...) im Körper nachklingen. Bitte denken Sie noch nicht darüber nach. Sie würden sonst den körperlichen Prozess stoppen und vom Felt Sense abschweifen. Bleiben Sie noch etwas dabei.

Später werde ich Ihnen noch einige Fragen geben, die Sie benutzen können, um dem Felt Sense weitere Geburtshilfe zu leisten.

Für den Moment ist wichtig, dass Sie sich nicht mit Ihrer Meinung, Ihren Wünschen und Ängsten einmischen. Die Haltung der Absichtslosigkeit ist angesagt! Sie brauchen dem, was in Ihnen so frisch auftaucht, auch noch keinen Glauben zu schenken. Sie werden später prüfen, ob Sie das, was da entsteht, wirklich wollen. Was ich Ihnen vermitteln möchte: Lassen Sie das Entstehende erst einmal entstehen und geben Sie ihm eine Chance, wie unsinnig es sich auf den ersten Blick auch anlassen mag. Vielleicht können Sie diesen inneren Prozess als eine Art Naturereignis sehen: Beim Anblick eines Gebirgsbachs kommt auch niemand auf die Idee, er sollte lieber einen anderen Verlauf und im Plätschern eine andere Tonart haben. Wir nehmen das Natürliche hin und staunen, wir nehmen es so, wie es ist. Genau dieselbe Haltung brauchen Sie für den inneren Prozess.

Mit jeder weiteren Symbolisierung werden die Bedeutung und der Sinn, die der Felt Sense in sich trägt, deutlicher werden. Es kommt wahrscheinlich zu einer deutlichen körperlichen Erleichterung und Sie fühlen sich stimmiger mit dem Thema, das Ihr Ausgangspunkt war. Das Thema wird klarer, wie die Auflösung eines Bildes an Schärfe gewinnt. Dabei gehen gleichzeitig Feinheiten, filigrane Bedeutungen und Nuancen des ursprünglich Gefühlten verloren.

So können Sie Schritt für Schritt Klarheit, Wissen, Kreativität und größere Bewusstheit zu dem von Ihnen gewählten Thema gewinnen.

Felt Sense und Denken

Obwohl wir es alle tun, ist das bewusste Denken mit dem Felt Sense (Denken ohne Worte) wenig bekannt. Wirklichkeit nicht nur zur Sprache zu bringen, sondern sich von der Wirklichkeit anrühren zu lassen, führt zu einer anderen Art des Denkens. In einer seiner philosophischen Vorlesungen sagt William James: „Einige werden sich weigern, in nicht-begrifflichen Ausdrücken zu denken." Nicht-begriffliches Denken bedeutet nicht-lineares Denken. Aus einem Felt Sense können einander widersprechende Konzepte entstehen, wie z. B. die Erkenntnis: „Ich bin, ich erlebe mich in jeder Situation, mit jedem Menschen mehr oder weniger unterschiedlich. In jeder Situation bin ich jemand anderes, ich bin im Fluss der Zeit nie gleich und kann gespannt sein, mit welchem ‚Ich-bin' ich am Morgen aufwache." Dieses Konzept ist wohl richtig, das Gegenteil stimmt aber auch: „Ich habe in unterschiedlichsten Situationen eine wiedererkennbare Identität, eine Kontinuität im Empfinden und Verhalten."

Das eine stimmt, das andere auch. Diese vielfältige (postmoderne) Sichtweise eröffnet das Denken aus dem Felt Sense. Fragen Sie den Felt Sense, was „jetzt", in einer konkreten Situation, stimmt, werden Sie eine klare Antwort in sich finden. Das Denken aus dem Felt Sense führt nicht zu postmoderner Beliebigkeit. Es gibt Ihnen für konkrete Situationen ganz konkrete Antworten.

Felt Sense und Focusing

Unter Felt Sense verstehen wir das vage körperliche Erleben, aus dem heraus Gefühle, Bilder, Worte, Körperempfindungen, Sätze (siehe „Innerer Erlebensraum", Seite 55) entstehen – so eine Art „Ursuppe", in der „alles" eingefaltet ist. „Alles" meint wirklich alles, was mit einem bestimmten Thema im Weitesten zu tun hat: Bedeutungen, Situationen, Beziehungen, Werte, vergangene Erfahrungen und auch schon der nächste Schritt mit dem Thema.

Gene Gendlin benutzt synonym zu Felt Sense den Ausdruck „soft underbelly": Jedes Wort hat einen „soft underbelly", einen weichen Unterbauch. Allein der Wortklang gefällt mir gut. Das Bild drückt die gefühlte, spürbare Bedeutung aus, die an jedem Wort hängt. Dies lässt sich experimentell nachvollziehen: Sie brauchen nur in der inneren Achtsamkeit ein Wort wie „Urlaub" auf der Zunge zergehen und langsam Richtung Körpermitte gleiten zu lassen, so werden Sie sogleich den „soft underbelly" von Urlaub schmecken und spüren. Der Felt Sense des Worte wird deutlich werden. Im Vergleichsversuch mit „Armut" können Sie sogleich einen ganz anderen weichen Unterbauch entdecken.

In der Focusing-Therapie arbeiten wir nicht unmittelbar und lineardenkend mit Problemen und Themen, sondern mit deren „Unterbauch“. Wir arbeiten mit dem Felt Sense, der *körperlichen Resonanz* von Problemen und Themen. Wir arbeiten immer mit beweglicher Achtsamkeit im Körper und mit einem wachen, ansprechbaren und fragenden Bewusstsein.

Mit dem Felt Sense vergleichbare Konzepte

Im Folgenden stelle ich Ihnen einige Analogien und einige verwandte Begriffsbildungen zum Felt Sense vor. Sie werden dabei die eine oder andere Facette vom Felt Sense innerlich mehr anfassen (begreifen) können.

... im Zen

In der Zen-Philosophie finden wir viele Begriffe und Aussagen, die in gewisser Weise an den Felt Sense erinnern. So spricht Zenmeister Bankei (1622–1693) vom so genannten „Ungeborenen“. Nach Bankei ist das „Ungeborene“ intelligent über logische Berechnungen hinaus und vermag ohne Unterscheidung zu unterscheiden. Bankei wollte, dass seine Schüler sich diesem Ungeborenen stellen und aus ihm heraus leben. An einer Stelle sagt er: „Die meisten Menschen meinen, das Leben würde durch Berechnungen und Unterscheidungen geführt. Dieses ist ein großer Fehler [...] sie sind noch nicht in die Quelle des Ungeborenen eingedrungen und versuchen, diese mit Hilfe von Unterscheidung und Berechnung zu erreichen.“ Es wäre sicher falsch, das „Ungeborene“ des Zen mit dem Felt Sense vollkommen gleichzusetzen, handelt es sich doch um ganz verschiedene Kontexte. Und doch scheint hier eine spezifische Erfahrung in ähnlicher Weise benannt zu sein. So können wir die Haltung zur Entfaltung des Felt Sense auch „gebärende Haltung“ nennen.

... bei den christlichen Mystikern

Mit allem gebetenen Respekt vor der Andersartigkeit der geschilderten Erfahrung, möchte ich Ihnen gleich noch einen kurzen Text eines christlichen Mystikers zitieren. Es ist ein namentlich unbekannt gebliebener, mittlerweile jedoch als solcher sehr bekannt gewordener irischer Mönch. Seine spirituelle Anleitung für einen Schüler ist in dem Buch „Die Wolke des Nichtwissens" überliefert. Ihm geht es um Wege zur Gotteserfahrung. Was er beschreibt, ist wörtlich für die Entfaltung des Felt Sense brauchbar, hier mit „Etwas" bezeichnet: „Lass dieses Etwas mit Dir tun, was es will, und Dich führen, wohin es will. Lass dieses wirkende Etwas mit dir tun, was es will, und dich führen, wohin es will. Lass sein Wirken an dir geschehen. Sei nur achtsam dabei und störe es nicht. Mische dich nicht ein, um ihm zu helfen, denn sonst würdest du alles zerstören. Sei du nur das Holz und lass es den Zimmermann sein. [...] Sei während der Dauer dieses Geschehens wie blind. Höre auf, etwas wissen zu wollen, denn das hindert mehr, als dass es fördert. Es reicht, dass du dich von einem Etwas freudig bewegt fühlst, von dem du nicht weißt, was es ist; du bist dir nur bewusst, dass du bei diesem Impuls an nichts denkst, was weniger ist als Gott, und dass dein Verlangen frei von Eigeninteresse und ohne Umwege unmittelbar auf ihn gerichtet bleibt." (Buch der Kontemplation genannt Wolke des Nichtwissens, neu übertr. u. hrsg. v. Willi Massa, 2. Aufl. 2003, S. 87f.)

Aus Focusing-Sicht könnte man sagen, der irische Mönch leitet zu einem Felt Sense zu Gott an. Dabei betont er, was typisch für mystische spirituelle Erfahrungen ist, diesen Felt Sense zu Gott nicht sprachlich oder imaginativ zu entfalten, sondern in sich zu tragen und wirken zu lassen.

... im Taoismus

In den von Martin Buber ausgewählten Reden und Gleichnissen des Tschuang-Tse (China, ca 3. Jh. v. Chr.) geht es um das Geheimnis des Tao, des letztendlichen Lebensprinzips. Hier finden sich immer wieder Gleichnisse und Umschreibungen, die in etwa auch für den Felt Sense zutreffen. So antwortet in einem kleinen Theaterstück eine Person „Ursprunglos“: „Nichtwissen ist tief, Wissen ist seicht. Nichtwissen ist innerlich. Wissen ist äußerlich.“ Die Person „Ureinheit“ hakt daraufhin nach: „Dann ist Unwissen Wissen und Wissen Unwissen! Aber sage mir, welcher Art ist das Wissen des Nichtwissenden?“ Die Antwort lautet: „Tao kann nicht gehört werden, was gehört werden kann, ist nicht Tao. Was gesehen werden kann, ist nicht Tao, was den Gestalten Gestalt gibt, ist selbst gestaltlos; also ist Tao namenlos.“

Naiv wäre auch hier, Tao und Felt Sense auf eine Ebene heben zu wollen. Und doch veranschaulicht sich in diesem alten Text das so genannte Implizite des Felt Sense: Alles, was schon deutlich in unserem Erlebensraum auftaucht, ist nicht mehr der Felt Sense. Der Felt Sense bleibt das vage, verschwommenen Nichtgewusste, in dem „Alles zu einem Etwas“ enthalten ist. Der Mainstream unserer gegenwärtigen Wissenschaften will, im Gegensatz zur Weisheit und Wissenschaft früherer Jahrhunderte, jede Erkenntnis zu einer Powerpoint-Präsentation machen, ähnlich wie Schmetterlingsliebhaber ihre (toten) Schmetterlinge mit Nadeln auf Samt präsentieren. In den alten und tiefen Traditionen wird das (lebendige) Nichtwissen oder das stumme Wissen als wesentlicheres und umfassenderes Wissen geachtet (vgl. „Exkurs über die Wahrnehmung“, Seite 49). Nichtwissen ist nicht mit Dummheit zu verwechseln, Nichtwissen meint das *Mehr,* das über unsere bewusste menschliche Wahrnehmungswelt hinausgeht und auf uns wirkt, also Wirklichkeit ist. Einige dieser Wirklichkeiten können wir über Geräte indirekt wahrnehmen (vom Blutdruckmessgerät über das Elektronenrastermikroskop bis hin zu astronomischen Fernrohren).

… im naturwissenschaftlichen Denken

Atomphysik, Chaostheorie und andere Ansätze weisen in ihrem Denken, ihren Fragenstellungen und Konzepten Ähnlichkeiten mit dem Denken von Gene Gendlin auf. Gerade in der von Nobelpreisträger David Bohm vertretenen Atomphysik kommt es zu verwandten Begriffsbildungen.

Der Felt Sense erscheint als Interferenzmuster, als holographisches Gewirr, aus dem über den „Lichtstrahl der Aufmerksamkeit" mehrdimensonale Informationen entfaltet werden können – ähnlich wie bei der Fotoplatte, die keine erkennbaren Strukturen aufweist, jedoch angeleuchtet ein dreidimensionales Bild über sich entstehen lässt. (Sie kennen solche Bilder vielleicht von Kunstausstellungen und Einrichtungshäusern.)

In der Neurobiologie, die sich seit den sechziger Jahren mit den physiologischen Grundlagen des Erlebens und des Bewusstseins befasst, gibt es eine Theorie, die dem Focusing und dem Felt Sense zugrunde liegende Annahmen zu bestätigen scheint. Diese Theorie geht davon aus, dass unser Gehirn nicht als Ursprung unserer Gedankentätigkeit zu betrachten ist, sondern nur einen Verstärker für die körperlichen Gedankenimpulse darstellt. Andere Theorien schreiben Bauch und Herz, ähnlich dem Gehirn, Gedächtnis- und Denkfunktionen zu. So wird von „Bauchhirn" und „Herzhirn" gesprochen. Es würde hier zu weit führen, diese spannende Diskussion zu vertiefen.

... im systemischem Denken

In der systemischen Familientherapie wird ein soziales System als Ganzes befragt, als wäre es ein Körper. Der „Familienkörper" lässt z.B. ein Symptom entstehen, das für jeden Einzelnen in der Familie eine bestimmte, nicht bewusste Bedeutung hat. Symptome können wie im Focusing hinausgestellt und verändert werden. Auch wenn die Fragerichtung sich deutlich unterscheidet – im Focusing geht es um den inneren Prozess, im systemischen Denken um den kommunikativen Prozess –, so ist die Grundsicht nahezu identisch.

Zusammenfassung

Diese Darstellung von Felt Sense in Analogie mit allen möglichen Denk-, Erfahrungs- und Wissenschaftsrichtungen ließe sich weiter fortsetzen. Doch meine Absicht ist nur, Ihnen deutlich zu machen, dass diese unscheinbare, verschwommene, leicht zittrige, ahnende, nichtwissende Erfahrung das eigentlich Wichtige und Bedeutsame ist. Ähnlich wie manche Märchen davor warnen, auf das Glänzende, das Schlaue, Sichere, Gescheite, Reiche hereinzufallen, ähnlich verstehe ich meine Analogien als Werbung für den Felt Sense. Gleichzeitig möchte ich Ihnen den Felt Sense öffnen und in seiner Vielschichtigkeit verdeutlichen. Und ich möchte Ihnen Appetit machen, ab und zu mal innezuhalten, einfach wahrzunehmen und bei dem zu verweilen, was immer Sie wahrnehmen. Nur was Sie selbst ahnend gefunden haben, gehört wirklich zu Ihnen. Mit Hilfe von Focusing können Sie leicht alle möglichen Wahrheiten und Richtigkeiten dahingehend überprüfen, ob diese gerade für Sie in Ihrer Situation wahr, stimmig und von Bedeutung sind.

Mit Focusing befinden Sie sich an der erlebbaren und aufregenden Schnittstelle von personbezogenen, phänomenologischen, systemischen und holistischen Sichtweisen. Vom Felt Sense aus können Sie z.B. Familienaufstellungen ohne starre Moral und feste Ordnungen kreieren, philosophische oder religiöse Texte ganz neu begreifen, Architektur wie auch Kunst schaffen und psychotherapeutische Prozesse unterstützen. Sie können das finden, was für Sie persönlich in Ihrer einmaligen Situation tatsächlich stimmig ist.

Natürlich werden Sie auch mit Focusing noch hin und wieder Zahnschmerzen haben und sich auch weiterhin über dieses oder jenes ärgern. Vielleicht haben Sie jedoch mit dem Felt Sense ein wunderbares Focusing-Werkzeug, um schneller wieder bei sich zu sein, Neues in Erfahrung zu bringen und tiefere Wandlung zu erleben.

Kapitel 7
FreiRaum schaffen

In der äußeren Welt können Sie zum Bäcker gehen und Brötchen kaufen, Sie können Auto fahren, fliegen, Geld ausgeben, sich verabreden und sich auch aus Versehen mit dem Hammer auf den Finger schlagen. Jedenfalls können Sie sich bewegen. In der innerlich erlebten Welt gibt es mindestens genauso viele Möglichkeiten, aktiv zu sein. Voraussetzung ist innerer Raum, ist der Zugang zur inneren Welt. Ohne den wird Ihnen die Erfahrungsdimension des Felt Sense fremd und verschlossen bleiben, so als ob frisches Wasser überfroren ist und Sie nicht daraus schöpfen können (siehe: „Achtsamkeit: Innere Beziehung“, Seite 78).

- Um frei sprechen zu können, brauchen Sie den körperlichen Ort, den inneren Raum, an dem die Sprache zu diesem Thema wohnt und aus dem „es“ dann wie von selbst spricht.
- Um einschlafen zu können, brauchen Sie den körperlichen Raum, an dem der Schlaf wohnt (übrigens häufig in den Waden, jedenfalls nicht im Kopf und nicht in dem Satz: „Schlaf jetzt ein, du hast morgen einen harten Tag vor dir!“).
- Um sexuell aktiv zu sein, brauchen Sie Zugang zu dem körperlich gefühlten Ort, an dem Begehren entsteht. Sexualität illustriert unsere Abhängigkeit von der innerlich, körperlich verspürten Erfahrung vielleicht mit am deutlichsten. Geht die Sexualtherapie weitgehend von „Funktionsstörungen“ aus, so ist doch der Dreh- und Angelpunkt jeder Sexualität das innere Empfinden des prickelnden Begehrens in einer körperlichen Situation, also auch der konkreten Beziehung zu einem anderen Menschen (siehe „Körper und Situation“ S. 90). Jedes leidenschaftliche Begehren nimmt sich erst einmal einen körperlichen Raum vor dem eigentlichen sexuellen „Tun“. Begehren und Verliebtheitsgefühle können jedoch leicht verloren gehen. Leben Sie beispielsweise in einer Langzeitbeziehung (über 8 Monate), so können Sie wahrscheinlich von folgender Frage profitieren: „Was

brauche ich, damit ich mein Begehren zu XY wieder frisch und neu finden kann?", „Was brauche ich, damit dieses Begehren zu XY (wieder) zu mir kommt?" In einer Langzeitbeziehung ist meist auch die innere Anfrage ans Verlieben angebracht: „Was brauche ich von mir, damit mein Verliebtsein in XY (wieder) frisch und neu entstehen kann?" (Das sind gleichzeitig wunderbare Fragen, die Sie, nach ausgiebigem FreiRaum-Schaffen, an den Felt Sense stellen könnten.) Ohne Begehren keine Erotik und keine Sexualität! Ohne Zugang zu dem gewissen körperlichen Gefühl wird nicht nur Sexualität zur Prostitution, auch jede andere nur „gemachte" Tätigkeit fühlt sich hohl und entfremdet an.

Finden wir in uns nicht die inneren Erfahrungsräume und Orte zu den Dingen des Lebens und funktionieren nur so vor uns hin, kommt dauerhaft nichts Gescheites dabei heraus.

Für ein gelebtes (nicht nur phantasiertes oder nur funktionierendes) Leben brauchen Sie das Wissen über die inneren Erlebens- und Erfahrungsräume und Zugang zu ihnen. Je vertrauter Ihnen der Weg nach innen wird, desto mehr können Sie sich mit Ihrer persönlichen Welt befreunden und auskennen.

Den Übergang vom Alltagsbewusstsein hin zur inneren Erfahrungswelt beschreiben wir im Focusing mit dem Vorgang des FreiRaum-Schaffens. Dazu ein Beispiel aus der äußeren Welt. Die Szene können Sie sich wahrscheinlich gut vorstellen, weil Sie vermutlich ebenfalls schon mehrere Male umgezogen sind: Alles ist in Umzugskartons verpackt, die Kartons sind gestapelt, die ganze Garage ist voll davon. Plötzlich wird klar, dass irgendein Ding, sagen wir mal, der Schlüssel zur neuen Wohnung, verschwunden ist und offensichtlich mit eingepackt wurde. Jetzt heißt es suchen und wieder auspacken. Um das tun zu können ist es sehr ratsam, erst einmal einen Raum zu schaffen, an dem ein Karton nach dem anderen geöffnet und durchforscht werden kann. Ohne diesen „FreiRaum" wird alles noch viel schlimmer werden. Es braucht freien Raum, um die Dinge einzeln und nacheinander zu bewältigen. Genau um diesen inneren Vorgang geht es: Erst einmal einen

Raum schaffen, damit dann ein innerliches Thema entfaltet werden kann.

Sie sind *mehr* als dieses Problem, das Sie gerade vielleicht quält. Diesem *Mehr* gilt es Raum zu machen. Sind Sie mit Ihrem *Ich* erst einmal im *Mehr*, so können Sie selbst dem schlimmsten Problem gegenüber freundlich zugewandt, gelassen und interessiert bleiben.

Ein Gefühl von „Ich bin verzweifelt“ wird sich im FreiRaum verändern zu: „Ich bin ich und ich habe etwas, das sich verzweifelt anfühlt.“, „Ich bin traurig“ wird zu: „Ich nehme etwas Trauriges wahr.“, „Ich bin voll mit dem Problem identifiziert“ (also: „Ich bin ein Problem“) wird zu: „Ich habe ein Problem.“ Zwischen dem wahrnehmenden Ich und dem Gefühl oder Problem entsteht so ein wohltuender Abstand, in dem frische Luft weht (siehe „FreiRaum“, Seite 40).

Abstand finden

Diese Sicht lässt Ihren Körper aufatmen und Sie selbst wieder zum Mittelpunkt Ihres Fühlens und Handelns werden, zum Ausgangspunkt, von dem her Lösungen gefunden werden können. Gehen Sie vom Problem als Mittelpunkt Ihres Denkens und Suchens aus, so befinden Sie sich leicht in einer Art „Problemtrance“, die zwar auf Hochtouren Lösungen sucht, aber genau deswegen nichts finden kann. Ich denke, es ist eine eher alltägliche Erfahrung, dass Probleme sich mit innerem FreiRaum, also ausgeschlafen und mit frischer Energie, viel leichter angehen und lösen lassen.

Bevor Sie sich mit einem Problem beschäftigen, ist es daher gut, wenn Sie sich erst auf sich selbst besinnen und feststellen, wo Sie gerade sind (in welcher gegenwärtigen Situation), und Ihren Körper auf einfache Weise durch einige Atemzüge von innen wahrzunehmen – vielleicht wollen Sie auch Ihre Füße auf dem Boden spüren: Ich bin da. – Das Problem ist auch da. – Mein Körper mit all seiner wunderbaren Kreativität und Intelligenz und Energie ist auch da. Wir können kein Problem lösen, wenn wir uns von dem

Problem haben einverleiben lassen (siehe „Körperwissen ist Situationswissen“, Seite 88). Wir brauchen Abstand. Sie können zu Ihrem vom Problem verspannten Körper (in Richtung Brust und Bauch) etwas sagen wie: „Lieber Körper, es ist alles okay ... Ich werde nichts vergessen ... Du darfst jetzt ein kleine Ruhepause machen, dann gehe ich das Thema an.“ Darf Ihr Körper erst mal wieder er selbst sein und sind Sie wieder in einer freundlichen, achtungsvollen Beziehung (siehe „Dialogisches Beziehungsangebot“, Seite 64) auch dem Problem gegenüber, dann weiß Ihr Körper schon von alleine, wie er mit dem Problem umgehen und Ihnen den nächsten Denk-, Lebens-, Fühl-Schritt öffnen kann.

Sie können auch sagen: „Lieber Körper, du kannst auch nichts dazu, dass dieses Problem jetzt da ist, du darfst in deinen natürlichen Zustand zurückkehren ...“

Was Sie dabei innerlich tun, können Sie dem Niederlegen einer (schweren) Last vergleichen. Erst wenn diese Last abgelegt ist, ist Ihr Körper frei für Neues – und Sie sehen auch dann erst, wie die Last genau aussieht. Jedes Problem verändert sich durch diese Art von innerer Handlung. Auch wenn es nach wie vor unlösbar ist, macht es einen deutlichen Unterschied, ob Sie das Problem im Körper tragen oder Ihren Körper frei und gesund sein lassen – so wie es eigentlich gut wäre. Auf diese Weise können Sie auch das Unveränderliche verändern!

Schritte im FreiRaum

Sie dürfen auch ganz unangenehme Zustände in sich wahrnehmen. FreiRaum-Schritt Nummer 1: das Gefühl (verzweifelt, zweifelnd, traurig, wütend, unsicher, bedürftig, unzufrieden, ärgerlich ...) wahrnehmen und als solches anerkennen, z. B.: „Ja, ich bin sehr verzweifelt.“

FreiRaum-Schritt Nummer 2: das Gefühl zu einem „Etwas“ machen. Im Focusing nennen wir das „Partialisieren“ („zum Teil machen“), also: „Da ist etwas Verzweifeltes in mir.“, „Ich bin mehr als dieses Verzweifelte, habe auch schon ganz andere Erfahrungen im Leben gemacht, … und jetzt ist da dieser verzweifelte Teil von mir." Jetzt können Sie mit Ihrem Achtsamkeitsmuskel dieses Verzweifelte wahrnehmen und halten, gleichzeitig trotzdem einen guten und lebensbejahenden Abstand dazu herstellen.

Ihrem Problem dürfen Sie, ohne Nachteile gewärtigen zu müssen, den full-time-job des Schlechtfühlens und der üblen Laune kündigen.

Wenn Sie etwas verändern wollen, brauchen Sie diesen Abstand ohnehin! Machen Sie sich selbst wieder zum Dirigenten ihres Orchesters. Sie brauchen fürs Erste einmal nur wieder auf das Dirigentenpodest zu klettern. Dazu brauchen Sie nicht zu wissen, wie das Problem gelöst werden kann. Ihr inneres Orchester wird wieder zu Ihrem Orchester, wenn Ihr wahrnehmendes *Ich* wieder genau am Platz, in der Mitte steht. Allein dies kann schon zu einem inneren Aufatmen führen.

Wahrscheinlich werden Sie bei einem akuten Problem diesen Abstand nicht auf Dauer halten können. Dennoch ist jede Minute ein Gewinn, in der Sie sich wiederhaben und noch dazu mit dem Problem arbeiten können oder besser gesagt: Ihren Körper damit arbeiten lassen. (siehe „Den Achtsamkeitsmuskel trainieren", Seite 86).

Gehen Sie mit einem entspannten Körper Ihrem Problem oder Ihren Sorgen entgegen. Nur so kann Ihr Körper im Vollbesitz seiner Kreativität, Intelligenz und Energie das Problem auf seine Weise bearbeiten.

Ein guter Ort im Körper

Obwohl „es" sich vielleicht momentan ganz schmerzlich anfühlt, können Sie sich entscheiden, auf die Suche zu gehen: nach einem Ort in Ihrem Körper, der sich gleichzeitig auch gut oder zumindest besser anfühlt. Dieser gute Ort im Körper ist vielleicht ganz woanders, als Sie denken, und er ist vielleicht auch kleiner und von anderer Gefühlsqualität, als Sie vermuten.

Sie können sich vorstellen, Ihr schmerzliches Gefühl wie ein verletztes Kind in den Arm zu nehmen, schützend, wärmend und Nähe gebend dem Kind, dem verletzten Gefühl, Gesellschaft zu leisten. (Vielleicht verspüren Sie in dieser Haltung tatsächlich den Impuls, Ihren Arm symbolisch an den Körper zu legen.) Mehr ist erst einmal nicht nötig. Bei sich bleiben – bei dem Problem, dem gekränkten Gefühl, der Angst oder was auch immer und dem Problem oder Gefühl freundlich-neugierige Aufmerksamkeit schenken: Das ist die Basis aller Veränderung und inneren Wandlung. Vielleicht empfinden Sie jetzt, beim Lesen, schon einen Hauch dieser liebevollen, freundlichen und neugierigen Beziehung zu sich selbst. Falls dem so sein sollte, bleiben Sie noch einige Augenblicke in dieser Atmosphäre und genießen Sie die Freundschaft mit sich selbst.

Ihr Herz möchte ganz offensichtlich schlagen und Ihr Organismus atmet von alleine, Ihr Körper möchte leben; egal wie groß das Dilemma ist, in dem Sie stecken. Und in diesem körperlichen Leben-Wollen gibt es immer auch einen spürbaren Ort von relativem Wohlbefinden. Sie müssen schon mit heftiger und gut geplanter mechanischer oder chemischer Gewalt Ihrem Lebenswillen entgegentreten, wollen Sie den Lebenswillen Ihres Körpers besiegen und Ihrem Leben ein Ende bereiten. Ihr Körper möchte leben und sich wohlfühlen – erlauben Sie es sich!

Übung zum FreiRaum (15–20 Minuten)
Machen Sie einfach mit, Sie sind nun eingeladen, sich FreiRaum zu gönnen. Vielleicht wollen Sie nochmals um sich schauen und hören, also Ihre gegenwärtige Situation bewusst bemerken. Wie ist es gerade um Sie herum? Und wie fühlt es sich gerade von innen her an, … Ihre augenblickliche innere Atmosphäre, Ihre Gestimmtheit, Ihr Grundgefühl? Lassen Sie sich dabei eine kleine Weile in Ruhe wahrnehmen, denn innen ankommen benötigt die Zeit einiger Atemzüge. Erlauben Sie Ihrem Körper, sich wie von selbst zu bewegen und es sich gemütlich zu machen. Sie können auch mal alle Muskeln im Körper gleichzeitig anspannen und dabei tief einatmen. Wenn Sie einigermaßen unbeobachtet sind, können Sie das nochmals tun. Alle Muskeln anspannen meint tatsächlich, vom kleinen Zeh über

Bein, Beckenboden, Bauch, Rücken, Brust, Arm, Finger, Schultern, Nacken, Hals, Kiefer und Gesicht zig Muskeln anzuspannen, so fest es geht – bei gleichzeitigem tiefen Einatmen, und nach frühestens fünf Sekunden (spätestens nach zwei Minuten) durch den Mund auszuatmen und loszulassen (je nach Öffentlichkeit geräuschvoll). Diese Muskelspannungsübung können Sie auch heimlich und unbemerkt inmitten anderer Menschen durchführen.

Lassen Sie sich Zeit (einige Atemzüge lang), diese kleine Veränderung körperlich zu erspüren … und suchen Sie danach, wo Sie sich im Körper am wohlsten, frischesten, angenehmsten fühlen (dazu brauchen Sie ca. 60 Sekunden) … Nehmen Sie einen sanften Atem mit zu diesem Körperort und empfinden Sie die ganze fühlige und spürige Qualität dieses angenehmen Ortes. Mit sanftem Atem und warmen Augen können Sie diesen Ort betreten und wortlos erkunden, die subtilen Empfindungen spürend erforschen: Fühlt es sich warm oder kalt an? Pulsiert es? Ist es weit oder eng? Angespannt oder entspannt? Frisch? Voller Energie? … Lassen Sie sich bitte die nötige Zeit – so, als ob Sie Urlaub von allem machen dürfen. Bleiben Sie für eine Weile nur hier, in diesem körperlichen Wohlbefinden … und erachten Sie diesen Moment als den wichtigsten Ihres Lebens. Zu diesem Körpergefühl können Sie freundlich und liebvoll lächeln und mit warmen Augen dort einige Atemzüge verweilen. Sie dürfen einfach genießen, … nichts ist zu tun, Sie lassen sich einfach weiterleben – das langt schon. Vielleicht ist es gut, wenn Sie sich im Kopf noch die Erlaubnis zusprechen: „Ich darf das jetzt für einige Minuten tun.“ Bleiben Sie einfach dabei …

Jetzt schlage ich Ihnen vor, sinngemäß folgenden Satz nach innen zu sprechen: „Ich bin mit meinem Leben voll und ganz zufrieden.“ Diesen Satz können Sie gerne wiederholen und in Richtung Körpermitte sprechen: „Ich bin mit meinem Leben voll und ganz zufrieden.“

Warten Sie eine kleine Weile, was Ihr Inneres dazu antwortet. Es wird nicht lange dauern, bis das erste „Nein“ sich meldet. – Nur Erleuchtete auf dem Himalaja können diesen Satz ungefähr vier

Stunden und 20 Minuten lang glücklich in sich halten – wir anderen werden in kurzer Zeit bemerken, wo uns der Schuh drückt. – „Ich bin mit meinem Leben voll und ganz zufrieden." Nehmen Sie das erste Nein freundlich in Empfang und packen Sie die ganze Geschichte, die mit diesem Nein zu tun hat, in ein Paket. Bitte halten Sie sich fern vom Nachdenken, vom Problemlösen und vom Arbeiten mit dem Problem! Packen Sie alles, was damit zu tun hat, in ein sicheres Paket, wickeln Sie es mit einem farblich dazu passenden Band ein und beschriften Sie das Paket mit: „Alles über das Problem XY." – Jetzt verschicken Sie das Paket an einen Ort, weit genug entfernt, damit Sie jetzt gut hier sein können.

Wie ist es jetzt im Moment? Fragen Sie in Ihren Körper, wie es sich ohne dieses Problem atmet und anfühlt: „Wie würde es sich anfühlen, wenn dieses Problem irgendwie gelöst wäre?" Momentan wissen Sie nicht, was die Lösung ist, aber Ihr Körper kennt jetzt schon das Gefühl, das sich einstellen wird, wenn alles gelöst ist. „Wie fühlt es sich an, wenn dieses Problem irgendwie gelöst ist?" Lassen Sie sich Zeit, dieses Gelöst-Gefühl jetzt zu spüren. Geben Sie Ihren Körper frei, damit diese Erfahrung sich in ihm ausbreiten kann. „Wie ist es, lieber Körper, wenn du dieses Problem nicht mit dir herumzutragen brauchst?" Lassen Sie sich Zeit, berühren Sie mit Ihrem Atem das gute Gefühl und kosten Sie es aus. Lassen Sie Ihren Körper zu seiner natürlichen Art zu sein, zu seinem natürlichen Atem, den natürlichen Schultern – ohne dieses Problem – zurückfinden.

Wenn Sie dieses Gefühl eine Weile genossen haben, können Sie sich erneut die Behauptung von eben zusprechen: „Ich bin mit meinem Leben voll und ganz zufrieden." Sie können wie ein Angler warten und so lange genießen, bis wieder ein Problem an Ihrem Haken hängt. Dann wieder ein Päckchen packen, einwickeln, es beschriften mit „Alles über ..." und wegstellen, dahin, wo es dem Problem gut geht (das kann direkt neben Ihnen sein, aber auch auf dem Mars oder unter Palmen, jedoch nicht im Fleischwolf!). Fragen Sie erneut in den Körper: „Wenn dieses Problem irgendwie gelöst wäre, wie würde es sich dann anfühlen?" Was wäre das für eine Körperhaltung, was für ein Atmen, was für eine Stimmung? Erlauben Sie sich zu genießen und diese Atmosphäre voll auszukosten.

So können Sie fortfahren, bis Sie alle Probleme außerhalb Ihres Erlebensraumes in Päckchen gepackt haben und Ihren Körper ganz frei erfahren.

Eine kleine Warnung sei hier angebracht: Es gibt relativ viele Mitmenschen, für die der völlig problemfreie Zustand ziemlich unerträglich ist. Er wird als Identitätsverlust empfunden: „Wenn alle Probleme gelöst sind, wer bin ich dann noch?", wird dann selbstzweiflerisch gefragt. Deshalb brauchen Sie nicht unbedingt restlos alle Probleme aus sich heraus zu stellen. (Es sei denn, Sie haben Vorerfahrung in Meditation, Gebet und anderen inneren Wegen: Dann können Sie sich das schon trauen und den großen Raum genießen.) Aber mit einigen Ihrer Sorgen können Sie das oben beschriebene Experiment vielleicht doch wagen. Es ist spannend zu erleben, wie das geht!

Genießen Sie, lassen Sie Ihren Körper frei, manchmal gurgelt dabei der Bauch, das ist völlig in Ordnung: Offensichtlich wird dort einiges neu geordnet.

Zum Ende der Übung kommen Sie mit der nach innen gerichteten Frage: „Was ist für mich an dieser Erfahrung ein bisschen wichtig?" … „Was ist daran ein bisschen neu?" Warten Sie wieder mit nach innen gerichteter Aufmerksamkeit, was wohl auf diese Frage antwortet, was dazu in Ihnen entsteht. Was immer auf diese bescheidene Frage hin kommt, bleiben Sie noch eine Weile dabei, geben Sie Ihren Atem dazu und geben Sie dieser Erfahrung, Erkenntnis, was es auch immer sein mag, einen guten Ort in sich.

Sie könnten jetzt auch zu einem Ihrer Problem-Päckchen den Felt Sense entstehen lassen und damit eine Runde Focusing machen.

Dann können Sie sich wieder auf den Weg zum Alltagbewusstsein machen und sich dabei räkeln und strecken.

Was ist jetzt gut zu tun? Nach dem FreiRaum-Schaffen können Sie Ihren normalen Alltag wieder aufnehmen. Sie können diesen inneren Raum auch für Meditation, kreative und weniger kreative Arbeiten nutzen. Alles, was Sie mit FreiRaum tun, wird sich frischer „jetziger", lebendiger, in jedem Fall mehr mit Ihnen verbunden anfühlen. In der Focusing-Therapie ist uns wichtig, nur aus dem FreiRaum heraus mit jemandem zu arbeiten und auch während des Arbeitens gut für den eigenen FreiRaum zu sorgen. Verliere ich in einer Begegnung den FreiRaum, so bin ich nicht wirklich präsent und es kommt leicht zu Verkehrsunfällen in der Beziehung (siehe dazu Seite 66).

Hat das FreiRaum-Schaffen eben nicht funktioniert? Vielleicht haben Sie sich nicht so ganz darauf einlassen können – warum auch immer – und den Text mehr gelesen als innerlich mitvollzogen? Solche Körperachtsamkeitsanleitungen brauchen Zeit! Vielleicht war eben nicht der rechte Zeitpunkt, so etwas zu tun? Oder die schriftliche Anleitung ist so nicht passend für Sie? Wie wäre es, wenn Sie sich den Text später von jemanden vorlesen lassen? In einer konkreten Beziehung, im konkreten Gehalten-Werden ist es meistens leichter, Sicherheit und damit FreiRaum für den eigenen Prozess zu finden. Wie auch immer: Achten Sie darauf, bei guter Laune zu bleiben – mit und ohne diese Anleitung.

FreiRaum ist grenzenlos

Das von Gene Gendlin gewählte englische Wort für FreiRaum ist „space“, was einen offenen Raum, auch „Weltraum“, meint. Unser Wort „Raum“ trägt schon eine nach allen Seiten räumliche Begrenzung in sich, die jedoch nicht zum Felt Sense von FreiRaum passt. Der Zusatz „Frei-“ soll den „deutschen Raum“ hin zu den unendlichen Dimensionen des Erlebens öffnen.

Entfalten wir den Begriff FreiRaum oder, wie Gene Gendlin gerne sagt, „öffnen“ oder „schlachten“ wir den Begriff, so entsteht aus dem Felt Sense von FreiRaum etwa Folgendes: gegenwärtiges Erleben, innerer Erlebensraum, körperliches Sich-bequem-Machen, freundliche und neugierige Achtsamkeit, Wohlfühlort im Körper, frei bewegliche Aufmerksamkeit, Ich bin und habe das Problem, ein Problem hinausstellen können, das wahrnehmende „Ich“ erlebt sich größer als das Problem, absichtsloses Dasein, mit den Ressourcen verbunden.

Die inneren Handlungen im FreiRaum sind folgende: genießen, wohlfühlen, atmen, hinausstellen, entspannen, imaginieren und spüren, interessierte und wohlwollende Hinwendung zum Problem, Abstand halten, freundlich-liebevolles Annehmen.

Praktische Tipps zum FreiRaum-Schaffen

Wenigstens ein kleines Stück FreiRaum ist Voraussetzung für das prozesshafte Sich-Beschäftigen mit einem Problem oder Thema. Nur wenn Sie wenigstens ein wenig Sicherheit, Neugier und Selbstverantwortung zu einem Thema empfinden, haben Sie die Voraussetzungen, sich produktiv mit diesem Thema zu beschäftigen.

Nehmen Sie Abstand von Ihren Problemen:

Stellen Sie jedes Problem einzeln und „persönlich" an einen guten Ort.

Nehmen Sie auch von dem Abstand, was Sie heute, an diesem Tag, bedrückt und schmerzt.

Eine produktive Beziehung zu den eigenen Problemen ist nur im stimmigen Abstand möglich. Wenn Ihnen ein Fremder mit Nasenkontakt den Stadtplan erklären wollte, würden Sie sicher sofort einige Schritte auf Abstand gehen. Distanz ist nötig, um Beziehung zu haben. Das englische Sprichwort: „Good fences make good neighbours" („Gute Zäune machen gute Nachbarn") lässt sich auch auf die gute innere Nachbarschaft von beobachtendem Ich und Problemen übertragen.

Nutzen Sie konkrete Gegenstände:

Das Hinausstellen (Externalisieren) von Themen und Problemen geht in aller Regel leichter, wenn Sie diese in Gegenständen symbolisiert von sich wegstellen. Bin ich Freiraum-schaffend alleine in meinem Zimmer, wähle ich für die einzelnen Themen entsprechende Dinge und lege diese in angemessenem Abstand um mich.

So entsteht die typische FreiRaum-Haltung: die Probleme in Sicht und doch weit genug weg, um frei atmen zu können, aber nahe genug, dass die Probleme gerade noch fühlbar sind. Sie können dann Ihre Distanz „stufenlos" variieren, indem Sie einen Schritt zurücktreten oder auch näher hinzutreten und mit den Fingerspitzen die Probleme berühren.

Nach einer Weile sitzen Sie ganz entspannt inmitten Ihrer Probleme und können in aller Ruhe den nächsten stimmigen Schritt finden (lassen).

Halten Sie Bodenkontakt:
Bei der eben beschriebenen Art der Achtsamkeit ist es gut zu sitzen (auf dem Boden, einem Sitzkissen oder Stuhl), möglicherweise auch zu stehen. Es gelingt kaum jemandem im Liegen, einen guten Abstand zu den Themen herzustellen und präsent zu bleiben. Vielleicht haben Sie eine Lieblingsübung, die Sie mehr mit dem Boden verbindet, oder Sie stampfen einfach mal kräftig mit den Füßen oder holen sich einige tiefe Atemzüge frische Luft ... Ziel ist es, hellwach und entspannt zu sein. Was immer Sie dabei unterstützt, können Sie ausprobieren.

Wenn die oben beschriebene Vorgehensweise einfach nicht funktionieren will:

Manche Probleme sind ziemlich anhänglich. Wenn dies der Fall ist, können Sie innerlich (Richtung Brust und Bauch) fragen: „Problem, was braucht du, damit du mich für eine kurze Zeit in Ruhe lässt?" ... ... – Vielleicht benötigt das Problem nur die Zusicherung, dass Sie es wirklich ernst nehmen und später darauf zurückkommen werden.

Eine andere Möglichkeit: Formen Sie mit dem Zeigefinger einer Hand einen Haken und fragen Sie sich wiederum in die Körpermitte: „Wie heißt der Haken, an dem ich das Problem halte?" Vielleicht fühlen Sie sich ohne dieses Problem einsamer oder schwächer oder ... was auch immer. Geben Sie dem „Was auch immer" einen guten Platz, stellen Sie es zuerst hinaus, und dann ihr eigentliches Problem.

Oder Sie fragen sich: „Was brauche ich, damit ich nicht in dieses

Problem hineinfalle und darin versinke?" Lassen Sie sich bei solchen Fragen Zeit, bis in Ihnen eine Ahnung oder eine klare Idee auftaucht. Probieren Sie es aus, es kann nichts Schlimmes passieren.

Eine weitere mögliche Frage: „Welches größere Problem hätte ich, wenn dieses hier gelöst wäre?" Falls dazu eine Antwort kommt, stellen Sie zuerst das größere Problem hinaus – z. B. mit der Frage, wie es sich anfühlen würde, wenn es gelöst wäre.

Oder: „Abgesehen von ... (was auch immer) – kann ich es mir gut gehen lassen?"

„Abgesehen von" ist eine gute innere Formel, damit können Sie so ziemlich alles für ein Weile stehen lassen, sein lassen, loslassen ... und es sich gemütlich machen.

Haben Sie Gefühle über Gefühle:

Vielleicht kennen Sie das: Man ist wütend über die Einsamkeit, ärgerlich auf die Trauer oder misstrauisch der Freude gegenüber. Stellen Sie erst das „Über-Gefühl" hinaus, in den genannten Beispielen also die Wut, den Ärger, das Misstrauen, und dann erst das Gefühl. Gehen Sie mit jedem Gefühl achtungsvoll um (siehe dazu: „Ein Gefühl ist wie ein Kind", Seite 72). Wenn kritische oder abwertende Stimmen und Meinungen zu den Gefühlen entstehen, geben Sie diesen Stimmen eine sinnvolle Beschäftigung. Ihren inneren Antreiber lassen Sie vielleicht Ihre Wohnung putzen – stellen Sie sich für solche Instanzen angemessene Szenen vor und schauen Sie sich kurz zu, wie z. B. Ihr innerer Kritiker seitenweise Druckfehler in Büchern findet. Ihm geht es dabei gut – und Sie können es sich hier und jetzt auch gut gehen lassen.

Umgang mit körperlichen Schmerzen:

Sollten Sie gerade irgendwelche körperlichen Schmerzen verspüren, so können Sie natürlich versuchen, diese ebenfalls hinauszustellen. Falls Sie beispielsweise Kopfschmerzen haben, so nehmen Sie erst einmal genau diesen Schmerz wahr – wie es drückt, pulsiert, zieht, ... Lassen Sie sich Zeit bei dieser Erkundung. Dann fragen Sie (wieder in Richtung Körpermitte): „Ganzer Schmerz und alles, was damit zu tun hat: Wenn du mit dem inneren Auge zu sehen wärst, wie sähest du aus?“ (Visualisieren Sie den Schmerz über die Körpermitte – letzteres ist wichtig!) Warten Sie eine kleine Weile und lassen Sie ein Bild entstehen. Vergleichen Sie dieses Bild noch einmal mit Ihrer Wahrnehmung: „Ist es genau so oder noch etwas anders?“ Lassen Sie dabei das Bild sich ruhig nochmals verändern. Häufig wandelt sich an diesem Punkt schon etwas die Schmerzqualität. Eventuelle spontane Atemzüge gilt es zu spüren und nochmals auskostend zu wiederholen.

Lassen Sie mich das Folgende an einem konkreten Beispiel beschreiben: Taucht etwa das Bild eines Eisenrings um Ihren Kopf auf, so betrachten Sie diesen Ring genau. Welche Farbe hat er? Welche Größe? Besteht er aus Eisen? Wie schwer ist er? Was macht er?

Jetzt können sie den Ring vor sich hinlegen, z. B. auf ein Samtkissen, … und in aller Ruhe von außen anschauen. Legen Sie mit dem Bild den ganzen Schmerz vor sich hin. „Wie fühlt es sich im Kopf an, wenn dieses Thema gelöst, wenn es da draußen ist?“ Lassen Sie sich Zeit, damit der Körper mit dem gesunden Gefühl antworten kann. Kosten Sie die Veränderung aus. Manchmal ist tatsächlich alles gut, manchmal fühlt es sich leichter an und manchmal geht überhaupt nichts und alles tut genauso weh wie vorher. Jedenfalls können Sie den Eisenring vor sich (und von da in Richtung Körpermitte) fragen: „Eisenring, für was bist du gut?“, „Eisenring, vor welcher unangenehmen Erfahrung willst du mich bewahren?“ … Vielleicht taucht eine sinnhafte Erkenntnis auf, ein neues Gefühl, frische Energie.

Das Arbeiten mit körperlichen Schmerzen geht entschieden leichter, wenn Sie sich von jemandem im Focusingprozess begleiten lassen. Je stärker Ihr Achtsamkeitsmuskel im Laufe der Zeit wird, desto leichter können Sie Schmerzen hinausstellen und Abstand halten.

Sind Sie von einer Hintergrundstimmung beherrscht?

Manchmal beherrscht uns eine Stimmung über längere Zeit – das können Tage, Monate und auch ein bisschen „Immer“ sein. Diese Stimmung wird allmählich so selbstverständlich wie eine graue Tapete in der Wohnung: unmerklich, doch deutlich wirksam. Solche

Hintergrundstimmungen können Sie im FreiRaum-Schaffen bemerken und ebenfalls in ein Paket packen: „Wie fühle ich mich an, wenn diese Wolken weg sind?“, „Wie fühlt sich frische Luft, Lust, Freude in meinem Leben an?“

Sie können auch fragen: „Was steht zwischen mir und meiner Lebenskraft?“ Vermutlich wird es von Bedeutung sein, dieses „Dazwischen“ bewusst zu erkennen, bevor Sie ihm einen guten Platz geben.

FreiRaum als Lebenshaltung

Ich hoffe, Sie haben einen gewissen Eindruck vom FreiRaum im Focusing bekommen. Fragen Sie den Felt Sense zum FreiRaum, so können Sie für sich persönlich noch genauere und situativ stimmigere Antworten erhalten.

FreiRaum ist im Focusing nicht nur eine Notwendigkeit, die das Entstehen eines Felt Sense ermöglicht. FreiRaum ist darüber hinaus eine gute Art des Mit-sich- und Mit-anderen-Seins. Ohne dieses bestimmte freie, geräumige Gefühl macht das Leben nicht wirklich Spaß, lebt es sich eigentlich nicht gerne.

Sie sind mit FreiRaum vor dem so genannten Burn-out-Syndrom geschützt, das entsteht, wenn Sie mehr als die Hälfte Ihrer Arbeitskraft in Tätigkeiten stecken, die Sie ohne den inneren Raum dafür, ohne persönliche Sinngebung und Freude erledigen. (Wer seine Arbeit erledigt, erledigt sich selbst.) Leben aus dem FreiRaum erweitert und vertieft Lebenserfahrungen, aber was für Sie dabei herauskommt, lässt sich nicht vorwegnehmen.

Sie könnten einfach mal etwas ganz anderes, etwas für Sie Untypisches tun und ausprobieren wollen. Dazu fragen Sie sich: „Wer oder was in meiner Umgebung macht gute Laune?“, „Welcher Mensch würde mir gut tun?“, „Mit welchen Gegenständen mag ich mich umgeben?“, „Welcher Kleidungsstil passt gerade zu mir?“, „Wie ist es gut zu wohnen, zu arbeiten …“ Sie bemerken, es könnte aus Ihnen noch jemand anderes werden! Jemand, der/die sich selbst mehr und mehr achtet und liebevoll für sich da ist. Und: Haben Sie keine Angst, ein Egoist zu werden, denn in der inneren Achtsamkeit werden Sie, wie zu sich selbst, die Freundlichkeit und liebevolle Zuwendung auch zu Ihren Mitmenschen entdecken. (Trotzdem: Vorsicht vor Ideologen, die Ihnen genau sagen können, wie Ihr Leben richtig geht und wie Sie direkt in den Himmel kommen werden.) Bleiben Sie frei, prüfen Sie alles (über Ihren Felt Sense) und leben Sie Ihr ganz persönliches Leben – ein anderes haben Sie nicht.

Kapitel 8
Probleme bearbeiten mit Focusing: eine Anleitung

Sie haben sich bis hierher tapfer durch das Buch und durch sich selbst gespürt. Damit verfügen Sie nun über das innere Handwerkszeug, Focusing mit sich selbst zu probieren. Sie werden viele Probleme und Entscheidungen mit Hilfe von Focusing bearbeiten können und erstaunliche Erfahrungen machen. Bei manchen Themen fühlt es sich hilfreicher, sicherer, unterstützter an, wenn sich ein Ihnen angenehmer Mitmensch im gleichen Raum aufhält. Er/sie braucht nur da zu sein, kann lesen oder was auch immer tun. Bei anderen Themen werden Sie jemanden brauchen, der Focusing gelernt hat und Sie in Ihrem Prozess begleitet. Bei wieder anderen Problemen benötigen Sie professionelle Unterstützung durch eine erfahrene Focusing-Therapeutin oder einen Psychotherapeuten.

Das folgende Schema gibt Ihnen einen Rahmen für einen kompletten Focusing-Prozess (ca. 30–60 Minuten). Diesen Rahmen können Sie für ein Thema oder Problem anwenden, das Sie gerade beschäftigt. Nach dieser Anleitung können Sie immer wieder vorgehen. Verändern Sie die Anleitung ruhig im Lauf der Zeit, damit es Ihre eigene wird. Es geht um Ihre Veränderung und Ihre Bedürfnisse und nicht darum, etwas perfekt nachzuvollziehen.

Da diese Anleitung etwas ausführlicher gehalten ist, empfehle ich Ihnen, sie erst einmal zu „überfliegen“, um sich eine Orientierung über den Ablauf zu verschaffen. Sie können dann immer noch entscheiden, ob Sie sich jetzt im Moment auf diesen Prozess einlassen wollen oder ob Sie sich dafür eine andere, passendere Zeit nehmen. Vorher – und auch während des Prozesses – können Sie gerne im Buch herumblättern und die Anleitung für sich ergänzen. So könnten Sie beispielsweise nochmals Themen wie „Tipps zum FreiRaum-Schaffen“, „Innere Achtsamkeit“, „Felt Sense“ auffrischen und für sich aktualisieren. Eine Kollegin erzählte mir, sie stelle sich immer eine hilfreiche Person vor, die die Prozessfragen während des Focusings stellt. Vielleicht ist das auch für Sie eine gute Unterstützung.

Zum Start:„Tee trinken", sich Zeit nehmen (3 bis 10 Min.)

Halten Sie dabei mit sich selbst eine kleine Team- oder Regiebesprechung ab. Es geht vor allem um folgende Themen:

- *Wie viel Zeit nehme ich mir für dieses Experiment? Geben Sie sich einen klaren Zeitrahmen. Dabei ist nicht wichtig, wie lange. Für den Anfang empfehle ich Ihnen ca. 30 Minuten.*
- *Habe ich schon ein Thema? Wenn ja, benennen Sie es kurz und schreiben Sie es am besten auf ein vor Ihnen liegendes Papier – aber steigen Sie noch nicht ins Problem ein! Thema kann alles und jedes sein, auch, kein Thema zu haben oder einfach nachspüren zu wollen, wie es im Augenblick ist (Befindlichkeit, Stimmung).*
- *Gibt es noch etwas zu tun, um den Zeitraum zu schützen, wie: Telefon ausstöpseln, eventuell das Zimmer abschließen oder ein Schild: „Bitte nicht stören – wichtige Besprechung" an die Tür hängen?*
- *Braucht es noch irgendwelches Material, wie Schreibzeug, Malstifte, Gegenstände zum Hinausstellen (vgl. Seite 127)?*

FreiRaum finden (1 bis 15 Min.)

***Äußeren FreiRaum suchen** (2 bis 5 Min.)*

Es geht los: „Wo und wie möchte ich hier im Raum sein?" Suchen Sie sich im Raum einen Platz, richten Sie es sich bequem ein (Stuhl, Decke, Kissen, Schreibzeug, Malstifte etc.), suchen Sie sich die im Augenblick „stimmige" Körperhaltung (Sitzen – wie? Oder lieber stehen? Nur nicht liegen!), lassen Sie sich Zeit, zelebrieren Sie ruhig diese Art, für sich selbst zu sorgen.

Laden Sie sich selbst ein, sich auf diesem Platz wohl und entspannt zu fühlen. Vielleicht wollen Sie sich noch strecken und dehnen? Alles ist gut, was Sie unterstützt, körperlich-spürend-wach anwesend zu sein.

Inneren FreiRaum suchen *(2 bis 10 Min.)*
Gehen Sie mit Ihrer Achtsamkeit in Ihren Körper: „Wo ist es mir in meinem Körper im Moment verhältnismäßig am wohlsten?“ Spüren Sie Ihren Körper von innen. Die Augen können Sie dabei offen, halboffen oder geschlossen haben. Laden Sie sich selbst zum Wohlfühlen und Genießen ein und fühlen Sie Ihren Körper frei von Problemen. Lassen Sie sich die nötige Zeit, den körperlichen Ort zu finden, in dem Sie sich gerade am wohlsten fühlen. „Abgesehen von diesem Thema/Gefühl/Problem/dieser Stimmung/ ..., wie fühle ich mich?“ Spüren Sie sich, wie es eigentlich gut wäre. Lassen Sie sich selbst da sein.

Oder: Stellen Sie Ihr Problem als Paket weit genug neben sich und fragen Sie sich dann: „Wie fühlt es sich an, wenn dieses Problem gelöst wäre – ich weiß jetzt nicht wie –, aber wenn es irgendwie gelöst wäre?“

Oder machen Sie Gegenstände zu Stellvertretern für Probleme und stellen Sie diese der Reihe nach an einen stimmigen Ort um sich herum (nicht zu nahe, aber auch nicht zu weit weg: so, dass Sie sie gerade noch spüren können). Nach jedem Wegstellen ist die innere Frage wichtig: „Wie fühlt es sich an, wenn dieses Problem gelöst wäre – ich weiß jetzt nicht wie –, aber wenn es irgendwie gelöst wäre?“

Wie ist es dann im Körper, wie atmet es dann? Halten Sie Ihre Achtsamkeit im Körper ... Genießen Sie nach jedem Hinausstellen den FreiRaum, der sich öffnet. Notieren Sie Ihre Empfindungen bei dieser FreiRaum-Erfahrung auf einem Blatt (kurze Begriffe): „Es fühlt sich an wie: ...“. (z. B. „wie: frei“, „wie: bei mir“, „wie: geräumig“) ... Erlauben Sie sich, Urlaub von den Problemen zu machen. Erlauben Sie sich jetzt ..., ..., ... zu spüren.

Fragen Sie in sich nach einer freundlichen und neugierig-seinlassenden Beziehung zu Ihren Problemen.

Fragen Sie dann in den Körper: „Welches Thema ist jetzt das stimmige?“ (Welches ist jetzt nicht zu groß und nicht zu klein?) Legen Sie sich auf ein Thema fest, entscheiden Sie, mit welchem Thema/Gefühl/Problem/welcher Stimmung Sie jetzt arbeiten wollen. Auf die anderen Themen können Sie später irgendwann zurück-

kommen. Vielleicht möchten Sie auch bei Ihrem ersten Thema bleiben, das bereits auf Ihrem Papier steht.

Thema benennen (1 bis 3 Min.)
Vergegenwärtigen und benennen Sie (kurz!) das Thema und geben Sie dem Ganzen einen vorläufigen Namen (Überschrift, Titel, Merkzeichen, „Griff", vgl. Seite 108). Schreiben Sie diesen Namen auf Ihr Papier. Halten Sie den inneren Abstand zum Thema. Falls Sie Ihre Themen mit Gegenständen markiert haben, legen Sie den Gegenstand, der Ihr Thema symbolisiert, jetzt direkt vor sich in einem angenehmen Abstand – schaffen Sie diesem Thema Platz.

Den Felt Sense kommen lassen (ca. 3 Min.)
Spüren Sie jetzt in Ihren Körper (Brust-/Bauchraum). Seien Sie neugierig, welche körperliche Resonanz (Felt Sense) zu diesem Thema kommen wird. Lassen Sie sich dazu ca. eine Minute Zeit!

- *„Was geschieht in mir (was erlebe ich, spüre ich etc.), wenn ich mir das Thema da draußen als Ganzes vorstelle?"*
- *Gestehen Sie sich zu, nichts herausfinden zu müssen, achten Sie auf kleine, kaum merkliche Veränderungen in Ihrer körperlichen Befindlichkeit ... Verweilen Sie mit dem, was kommt, bleiben Sie in der Nähe von dem, was da entsteht, nehmen Sie es wahr, beobachten Sie es. Greifen Sie nicht ein. Notieren/protokollieren Sie Ihr inneres Erleben auf dem Papier. Falls es Ihnen zu intensiv werden sollte, stellen Sie größeren Abstand zum Erleben her. (Notbremse: Stehen Sie auf und schütteln Sie sich – aber wahrscheinlich brauchen Sie das nicht.)*

Zusätzliche Werkzeuge: Fragen an den Felt Sense

Sie können die eine oder andere Frage ausprobieren, indem Sie sie nach innen in Ihren Körper stellen und verweilen. Ziel ist, einen kleinen inneren Veränderungsschritt zu erfahren.

„Wenn ich X (= Problem, Thema) so als Ganzes wahrnehme (sehe, fühle, spüre, höre etc.), wie geht es mir dabei?"

Beispiele:
- „Wenn ich dieses X als Ganzes wahrnehme – was passiert in mir?"
- „Wie geht es mir mit diesem X?"
- „Ich nehme jetzt X wahr – wie ist mir dabei zumute?"
- „Wenn ich X wahrnehme – was spüre ich im Körper?"
- „Während ich X wahrnehme – was spüre ich im Brust- und Bauchraum?"
- „Wenn ich X wahrnehme – wie geht es mir so insgesamt?"
- „Was ist da in mir für ein gefühlsmäßiger Hintergrund zu diesem X?"
- „Was passiert an meinem ‚Erlebensrand', wenn ich mir X vorstelle?"
- „Während ich X so wahrnehme – was ist noch alles da?"
- „Ich verweile da (bei X) ein wenig und achte auf meine innere Stimmung dabei."
- „*Wo* genau im Körper spüre ich es?"
- „Welche *Form* hat es?"
- „Welche *Ausdehnung*?"
- „*Wo* ist die *Quelle*/das *Zentrum* dieser Empfindung?"
- „Ist sie im ganzen Körper gleichmäßig verteilt oder konzentriert sie sich irgendwo im Körper?"
- (Wenn an mehreren Körperstellen Empfindungen auftauchen): „*Wo* ist die Körperempfindung am stärksten?"
- „*Wie* fühlt es sich genau an?"
- „Ist es angenehm oder unangenehm?"
- „Was ist so … (z. B. zittrig) daran?"

Symbolisieren, Vergleichen, „Genauern"

Achten Sie darauf, ob Worte, innere Bilder, Gefühle, körperliche Empfindungen oder Impulse auftauchen wollen, während Sie mit dem Felt Sense spürend verweilen.

Wenn ein Symbol (Worte, innere Bilder, Gefühle, körperliche Empfindungen oder Impulse) auftaucht, begrüßen Sie es freundlich mit einer „Aha-interessant-das-ist-gekommen-Haltung" und schreiben

Sie das Wort oder den kurzen Drei-Wort-Satz auf das vor Ihnen liegende Papier oder machen eine grobe Skizze vom inneren Bild. Sprechen Sie dieses Symbol innerlich (oder laut) in den Körper an den Felt Sense zurück, z. B.: „Aha, da ist etwas Trauriges", und vergleichen Sie mit dem Felt Sense spürend, ob es „passt", ob es teilweise passt oder nicht zum Felt Sense passt; warten Sie jeweils eine kleine Weile (5–60 Sekunden), welche Antwort von innen entsteht (z. B.: „Das stimmt schon, aber noch nicht ganz.") – dann warten Sie wieder fragend: „Was stimmt eher?" ... Mit der Frage: „Ist das genau so?" können Sie sich anregen, weitere Symbole auftauchen zu lassen. Verweilen Sie immer wieder mit dem, was entsteht, und pendeln Sie mit der Achtsamkeit zum Felt Sense zurück.

Gehen Sie hin und her zwischen Wort (Bild) und Felt Sense. Wenn sie zusammenpassen, verspüren Sie ein Gefühl der Stimmigkeit. Verändert sich der Felt Sense, so folgen Sie ihm mit Ihrer Aufmerksamkeit.

Zusätzliche Werkzeuge: den Felt Sense zum Sprechen einladen

- „Was sagt mir diese Empfindung?"
- „Was würde die Empfindung (das Bild, das Gefühl, der Ton, die Geste) sagen, wenn sie sprechen könnte?"
- „Wie hängt diese Empfindung (Gefühl, Bild etc.) mit meinem Thema/Problem zusammen?"
- „Was *bedeutet* das für mich?" (Vorsicht! Diese Frage kann vom Erleben wegführen.)
- (Bei Bewertungen, z. B. angenehm/unangenehm): „*Woran* merke ich das?"

Verweilen Sie bei der Antwort, die entsteht, notieren Sie diese auf Ihrem Blatt, kosten Sie aus, was sich davon stimmig anfühlt und pendeln Sie mit Ihrer Aufmerksamkeit wieder in Richtung Brust und Bauch. Es geht immer wieder um das Verweilen, um das Sich-Zeit-Lassen mit dem, was eben geschieht. Immer wenn in Ihnen etwas kleines Bemerkenswertes geschieht, notieren Sie es sich, gehen

Sie prüfend mit Ihrer Achtsamkeit zur Körpermitte und fragen Sie sich: „Was daran passt für mein Thema?"

Zusätzliche Werkzeuge: Joker-Fragen

Diese Fragen können Sie fast an jeder Stelle des Prozesses gebrauchen. Sie sind wie Werkzeuge in Ihrem Selbsthilfekasten. Wenn Sie nicht weiterwissen oder innerlich stecken bleiben, probieren das eine oder andere Werkzeug aus. Statt sich den Kopf zu zerbrechen, was jetzt zu tun ist, bitten Sie mit so einer Frage Ihre innere körperliche Weisheit um Rat.
Beispiele:

- „Was ist das *Wichtigste/Schlimmste/Beste/Erregendste* daran?"
- „Was ist der *Kern* des Problems?"
- „*Genauern*" (v. a. bei Bildern): „Ist es genau so – oder möchte es sich noch verändern?"
- „Was könnte ich jetzt brauchen?"
- „Was würde mir jetzt gut tun?"
- „Was könnte jetzt der nächste Schritt sein?"
- „Wie soll es jetzt weitergehen?"
- „Was ist nötig, damit es jetzt weitergehen könnte?"
- „Was wäre jetzt am stimmigsten?"
- „Wo ist ‚frische Luft'?"
- „Wo fühle ich Leben in mir?"
- „Was fehlt noch?"
- „Was hält mich im Moment fest?"

Veränderungen bemerken

Passt ein Symbol, wird also ein Aspekt des Felt Sense adäquat symbolisiert und ausgedrückt, verändert sich Ihre körperliche Befindlichkeit in Richtung Entspannung, Stimmigkeitsgefühl, Energiezuwachs. Es ist wichtig, diese Veränderung zu bemerken. Verweilen Sie mit dieser Veränderung (dabeibleiben, sanften Atem dazugeben, wiederholen Sie den kleinen Aha-Atemzug nochmals … würdigen Sie kleinste Veränderungen). Verbringen Sie mit jeder angenehmen

Veränderung eine kleine Zeit. Und notieren Sie kurz Ihre Erfahrung auf dem Papier.

Annehmen und Schützen (ca. 5 Min.)
Heißen Sie alles willkommen, was in Ihnen entsteht. Beschützen Sie es vor inneren kritischen Stimmen, die das Neue, sei es auch noch so unscheinbar, entwerten und entkräften wollen. Bewahren Sie eine Haltung, die sich über den kleinsten aufsprießenden Grashalm freut. Nehmen Sie das an, was Ihr Leben weiter, frischer, klarer, jedenfalls stimmiger macht.

Geben Sie dem, was entstanden ist, in sich einen angenehmen und angemessenen Erlebens-Spür-Raum.

Abschließen (ca. 5 Min.)
Fünf Minuten vor Ablauf der vereinbarten „Arbeitszeit" halten Sie mit dem Prozess inne. Diese fünf Minuten sind wichtig, um den Prozess gut abschließen zu können. Sie können sich fragen (in den Körper), ob das Ganze noch irgendetwas braucht, um auf gute Weise aufhören zu können (wenn ja, schreiben Sie es auf). Oder: Sie können Ihren gesamten Prozess nochmals als Ganzes „überschauen" und fragen: „Was aus dem Ganzen ist für mich als Mensch etwas wichtig oder etwas bedeutsam?", „Was wäre der kleinste Schritt aus dem Ganzen heraus, den ich ganz sicher noch heute tun kann?" (Schreiben Sie auf, was sich einstellt.) Lassen Sie sich mit dieser Konkretisierung und Verankerung des Neuen ebenfalls die nötige Zeit. Beenden Sie die Sitzung in der festgelegten Zeit.

Nachklingen lassen (1 bis 15 Min.)
Denken Sie noch nicht gleich über die gemachte Erfahrung nach. Halten Sie Ihr Denken noch etwas fern von Ihrem Erleben. Lassen Sie die Sitzung in sich selbst noch einige Minuten nachklingen. Und fragen Sie sich: „Was ist jetzt als Nächstes gut zu tun?" Manchmal ist es stimmig, beispielsweise zu malen oder einfach den nächsten anstehenden Schritt im Alltag zu tun.

TEIL II

Kapitel 9
Dem Leben Tiefe geben

Ein postmodernes Lebensgefühl ohne Zuhause, ohne Zentrierung, ohne Tiefe und Mitgefühl könnte sich wie folgt ausdrücken: Arbeiten, Karriere, Geld für Konsum, Abnehmen, Fitness, Arbeiten, Urlaub, Klamotten, Sachen anschaffen, Hobbys, Joggen, Tanzen, Freunde, Tennis, Kampfsport, Kneipe, Frau-Sein, Mann-Sein, aktuelle Filme, Gar-nichts-tun, Literatur, Surfen, Klettern, aktuelle Romane, Angst vor Arbeitslosigkeit, Entspannung, Yoga, Handy klingelt, Meditation, ... andere machen noch xy, ... eigentlich müsste ich schon lange ... und will unbedingt, ..., Kinderwunsch gibt es jetzt nicht, später, ... , treffen mit ...

Für Pessimisten: Dieses Jahrtausend beginnt mit Hektik, Sucht, Oberflächlichkeit.

Für Optimisten: An einer Fülle von (Er-)Lebensmöglichkeiten mangelt es uns tatsächlich nicht.

Für welche davon wir uns entscheiden – diese Aufgabe nimmt uns niemand ab.

Die vielfältigen Erlebensoptionen können auch in andauerndem Stress und in einem Gefühl der Beliebigkeit und Sinnlosigkeit enden. Auf Dauer braucht es einen stimmigen Umgang mit diesem postmodernen Lebensgefühl, damit Sie die Chancen, die unsere Zeit bietet, leben können. Eine mögliche und meines Erachtens notwendige Unterstützung können Sie in einer tieferen, körperlich erlebten Rückverbindung zu sich selbst, einer Art Verankerung in sich, finden. Sie kann Ihnen antworten auf Fragen wie: „Was will ich?", „Wie plane ich mein Leben?", und „Was unternehme ich heute Abend?" Für diese Rückverbindung und Orientierung der Lebensgestaltung waren bisher Religionen und Ideologien der Bezugspunkt.

Sie leben in der aufgeklärtesten und, relativ gesehen, freiesten Welt, die es jemals gab. Sofern ihr Arbeitsplatz gerade nicht bedroht ist, können Sie dies auch genießen. Und diesen Genuss wollen wir nicht so ohne weiteres riskieren – befinden wir uns doch erst seit kurzem in einer mehr oder weniger demokratischen, westlichen Welt ohne Sklaverei und rigorose Unterdrückung weiter Teile der Bevölkerung. (In diesem Zusammenhang sei beispielsweise daran erinnert, dass noch in den 50er-Jahren in (West-)Deutschland Ehemänner ihren Frauen verbieten konnten, berufstätig zu sein.) Alle diese Errungenschaften der Neuzeit wollen und können wir nicht durch die Restauration alter Sinndeutungsinstitutionen so ohne weiteres aufs Spiel setzen.

Gehen Sie heute auf die Suche nach innen, nach etwas, das über Ihr Alltagleben hinausweist, werden Ihnen in den westlichen und östlichen Veränderungswegen für wahr gehaltene Glaubenssätze stillschweigend mitverkauft: Gehorsam, alte und statische Werte, autoritäre Strukturen, das Aufgeben von Mann-Sein/Frau-Sein, Fremdbestimmung. Die Liste können Sie aus eigener Erfahrung beliebig fortsetzen.

Auf der Suche danach, wie schön spirituell und sinnhaft es einmal war (irgendwo im Westen oder im Osten, in irgendeinem Jahrhundert), bleibt uns eine kritische und auswählende Haltung nicht erspart. Die Frage ist, wie Sie Ihren stimmigen inneren Weg im relativierenden postmodernen Zeitalter finden. Wie ist es möglich, Unterstützung für ein Leben mit Tiefgang zu finden, das sich wesentlich, sinnvoll, wahrhaftig und frei anfühlt, ohne flugs wieder in einer Institution zu landen? Wie gibt es Lebenshilfe und persönliche Wahrheiten für mein Leben, ohne dass ich mich alten spirituellen Wegen unterwerfe?

Nicht dass Focusing die Antwort wäre. Aber Focusing hilft bei der Suche. Es hilft, aus alter und entlegener Weisheit und Praxis das heute für uns Stimmige herauszuheben und zu unterscheiden von überwundenen, zum bloßen Ritual erstarrten Formen. Es ist ein Fahrzeug, ein Werkzeug, das uns unterstützt, unsere persönlichen Schritte entstehen zu lassen; Schritte, die uns zur eigenen Stimmigkeit führen und die uns bei uns selbst, in unserem Zuhause, ankommen lassen – einem Zuhause, das *tiefer* ist als das, was unser gesellschaftliches Bewusstsein für möglich hält, und das vielleicht sogar über uns selbst hinausgeht.

Je nach Philosophie und spiritueller Ausrichtung können Sie den Begriff „Tiefe" fast beliebig füllen.

Wenn Sie den Ausdruck „dem Leben Tiefe geben" einen kleinen Moment auf sich wirken lassen, wird in Ihnen wahrscheinlich eine ganz bestimmte eigene, körperliche Resonanz erahnbar, in der Sehnsucht anklingt und auch ein vager Wunsch nach „besserem" Leben mitschwingt.

Gehen Sie spürend an den Begriff „Tiefe" heran, zeigt sich, dass es in unserem innerlich gefühlten Erleben keine Beliebigkeit der Wahrheiten gibt. Die Frage nach der eigenen Tiefe des Lebens beginnt vielmehr genau an dem Punkt, der Situation, in der Sie gerade körperlich sind und bei dem, was Sie gerade fühlen – und nicht irgendwo anders. An diesem Punkt gilt es zu verweilen. Der Vertiefungsprozess hebt dann von selbst den nächsten, stimmigen Schritt hervor.

Gene Gendlin sagt dazu: „In dieser Dimension der Tiefe können wir mehr und mehr sagen, immer genauer (immer genauer und genauer) das Gefühl ausdrücken, das wir jetzt haben (*während es sich dabei verändert*)."

Spirituelle Obertöne

Mit dem Erleben „über Worte hinaus" stehen Sie bereits mit einem Bein in der so genannten spirituellen Dimension. In jeder innerlich erlebten Erfahrung der Veränderung schwingt, während sie geschieht, ein spiritueller Oberton mit. Sogar in einem kleinen „Aha"-Atemzug, der besagt: „Das stimmt jetzt so", werden Sie sich für Momente als „Ganzheit" empfinden. Sie sind in Berührung gekommen mit Ihrer Tiefe, mit Ihrer inneren Weisheit.

Halten Sie im Wortlosen etwas länger inne, so werden Sie den Geschmack, die Erfahrung des Großen und Ganzen, wie von alleine erahnen. Vor dem Hintergrund, dass jede Erfahrung gedeutete Erfahrung ist, können Sie sich daran machen, Ihre eigene Deutungs- und Symbolwelt aus dieser Erfahrung zu erschaffen. Die verschiedenen spirituellen Erfahrungswege bieten uns Orientierungen, Deutungen und Übungen, um uns in der wortlosen Erfahrungswelt zurechtzufinden.

Dabei können Sie sich auf Ihren Körper verlassen, denn er ist, wie Gendlin sagt, „im Grunde Teil eines unermesslichen Systems, das Raum und Zeit, Sie selbst und andere Menschen, kurz, das ganze Universum umfasst. Diesem umfassenden Ganzen fühlt sich Ihr Körper zugehörig."

Was kann helfen beim Weg in die Tiefe?

Vielleicht erlauben Sie mir, dass ich aus meinem Leben heraus versuche, einige Tipps zu geben, die bei mir, auf meinem Weg in die Tiefe, funktionieren und Schritte auslösen können. Im Eigentlichen geht es natürlich nicht um Schritte des Vorwärtskommens, sondern eher darum, das, was ist, mehr und mehr so sein zu lassen, wie es ist (Es ist, wie es ist.):

- Üben Sie, Worte und Situationen in ihrer Ganzheit zu erfassen, das Ganze von etwas. Was ist beispielsweise das ganzheitliche Erleben Ihres letzten Urlaubs? – Versuchen Sie es nicht in Worten zu beschreiben, sondern als innere Erfahrung zu halten und zu schmecken, zu empfinden, zu fühlen ... Lassen Sie es eine vage körperliche Ahnung sein.

- Üben Sie die Haltung der Absichtslosigkeit: einfach so etwas tun! Spielen Sie! Die Übung ist das Ziel.

- Freunden Sie sich mit sich selbst an, mit Ihrem Körper, wie er nun mal ist, mit Ihrem inneren Erleben, Ihrer Vergangenheit, Ihren Träumen, Ihren Ängsten, Ihren Hoffnungen, Wünschen, Ihrem Haben-Wollen. Einfach mit allem, was Sie sind und waren und vielleicht sein werden. Das kann bedeuten, eine Weile den Weg der Psychotherapie zu gehen, bei einem/einer ebenfalls „suchenden“ Therapeut/in (möglichst „ideologiefrei“).

- Suchen Sie nach Erfahrungen der so genannten „inneren Einsamkeit“, nach Erfahrungen, die nicht konsensfähig sind, weder für Mitmenschen kommunizierbar noch für sich selbst.

- Finden Sie in Ihren Gefühlen und Gedanken über Ihre Mitmenschen sich selbst wieder. „Liebe deinen Nächsten, denn er ist wie du.“ (ein Jesuswort, übersetzt in der Tradition Martin Bubers)

- Beschäftigen Sie sich immer längere Zeit mit einem Weg (christliche Mystik, Yoga, Astrologie, Zen, Buddhismus, Schamanismus ...), um Ihren persönlichen Pfad herauszufinden. Gehen Sie dann diesen Weg in großer Aufrichtigkeit. Befolgen Sie seine Rituale, Lehre, Regeln, tun Sie so, als ob es auf diesem Weg tatsächlich um Ihr Leben gehen würde. Und seien Sie dann irgendwann nicht verwundert, wenn dieser Glaube von Ihnen, teils in Verunsicherung, teils in freier Lebenslust, abfällt. Und Sie sich alleine, in nackter und verletzlicher, zugleich in freier und anarchistischer Gläubigkeit/Ungläubigkeit wiederfinden.

Orientierung für den Tiefenprozess

In der Tiefenerfahrung kommen Sie durch verschiedene Schichten, Erfahrungsräume, die sich in der Haltung der Absichtslosigkeit von alleine wandeln und den nächsten darunterliegenden Raum öffnen. Hilfreich ist, die innere Haltung, die Art und Weise, in der Sie sich auf das jeweilige Erleben beziehen, als eine Art Wegstrecke mit verschiedenen Stationen zu betrachten:

Alltagsbewusstsein (Ausgangspunkt),
dann in die
innere Achtsamkeit,
dann in die Haltung des
Sich-Überlassens,
dann
Hingabe (noch mit einem sanften Willensimpuls),
dann
passive Hingabe an „Es“,
dann
loslassen, das „Ich“ freilassen,
dann
nicht mehr „Ich“ sein, das „Ich“ sich auflösen lassen,
Alles sein,
dann
langsam in den Alltag zurückkommen.

Es folgen einige Anleitungen, die Sie in einer ruhigen Stunde ausprobieren können. Die Übungen sollen Ihnen einen Weg hin zu Tiefenprozessen öffnen. Ob das mit diesen Vorschlägen „funktioniert“ und ob dieses „Handwerkszeug“ zu Ihnen passt, können nur Sie selbst entscheiden. Vielleicht „überfliegen“ Sie die Anleitungen zunächst. Dabei werden Sie spürend erkennen können, ob sie Ihren Geschmack treffen. Denn schließlich sind Sie selbst dafür verantwortlich, was Sie in Ihren Erfahrungs-„Einkaufswagen“ tun – und was Sie sich ersparen.

Meine tiefe Sehnsucht

Die folgende Übung braucht etwas Zeit (ca. 20 Min.).

Halten Sie einen kleinen Moment beim Lesen inne und vergegenwärtigen Sie sich, welche Stimmung Sie gerade hinter dem Lesen haben. Warten Sie einige Augenblicke, bis Sie bemerken, welche Gefühle, welche innere Atmosphäre Sie im Moment in sich wahrnehmen. Bemerken Sie wie sie sitzen, bemerken Sie Ihren Atem, wie er von alleine durch Ihren Körper strömt. Möglicherweise unterstützt es Sie, kurz die Augen zu schließen, um sich Ihrer selbst deutlicher gewahr zu werden.

Meine Stimmung ist gerade: …

Bitte lassen Sie diese Erfahrung so, wie sie ist, ohne ein Problem zu lösen, ohne darüber nachzudenken. Verweilen Sie noch etwas in ihr.

Jetzt möchte ich Ihnen eine Sonde geben, mit der Sie sich in die Tiefe lassen können. Der einfache Satz lautet:

„Meine tiefe Sehnsucht."

Sprechen Sie diesen Satz so, als ob Sie die Worte „Meine tiefe Sehnsucht" in Ihren Körper fallen lassen würden … „Meine tiefe Sehnsucht" … und warten Sie eine kleine Weile (das Innere braucht ca. 30 Sekunden bis zu einer Minute), … wie sich diese Worte in Ihnen entfalten.

Lassen Sie die entstehende Antwort völlig unzensiert – seien es Worte, ein inneres Bild, ein Gefühl, Körperimpulse oder auch gar nichts – nehmen Sie es so, wie es sich gerade zeigt. Verweilen Sie einige Atemzüge damit.

Dann beginnen Sie wieder wie von vorne: „Meine tiefe Sehnsucht" … Lassen Sie die Worte wieder in Ihren Körper fallen, warten Sie wieder freundlich neugierig und begrüßen Sie, was immer jetzt in Ihnen auftaucht. Verweilen Sie damit …

„Meine tiefe Sehnsucht": Lassen Sie die Worte wieder in Ihren Körper fallen, warten Sie wieder freundlich neugierig und begrüßen Sie, was immer jetzt in Ihnen auftaucht. Verweilen Sie damit …

„Meine tiefe Sehnsucht" … fallen lassen, warten … begrüßen
„Meine tiefe Sehnsucht" … fallen lassen, warten … begrüßen
„Meine tiefe Sehnsucht" … fallen lassen, warten … begrüßen
„Meine tiefe Sehnsucht" … fallen lassen, warten … begrüßen
„Meine tiefe Sehnsucht" … fallen lassen, warten … begrüßen
(Sie können damit so lange fortfahren, wie es gut für Sie ist.)
„Meine tiefe Sehnsucht" … fallen lassen, warten … begrüßen
„Meine tiefe Sehnsucht" … fallen lassen, warten … begrüßen
„Meine tiefe Sehnsucht" … fallen lassen, warten … begrüßen
„Meine tiefe Sehnsucht" … fallen lassen, warten … begrüßen
„Meine tiefe Sehnsucht" … fallen lassen, warten … begrüßen
„Meine tiefe Sehnsucht" … fallen lassen, warten … begrüßen

Erlauben Sie sich jetzt, wahrzunehmen, wie es gerade ist. Und fragen Sie in Richtung Brust und Bauch: „Was ist für mich an diesem Experiment wichtig, bedeutsam, neu?“

Warten Sie in bekannter Weise einige Atemzüge und lassen Sie von innen her entstehen, was Ihnen auch immer entgegenkommt. Vielleicht möchten Sie mit dem, was da entstanden ist, ein bisschen spazieren gehen, etwas daraus malen, gar nichts tun … Machen Sie das, was sich jetzt für Sie stimmig anfühlt.

Glücksperlensuche

Egal wie gut Sie sich fühlen, einige Glücksperlen können Sie sicher immer gebrauchen. Dazu wählen Sie eine entspannte Haltung: Sich wohlfühlen und doch innerlich wach sein ist die beste Voraussetzung, um auf eine kleine innere Suche zu gehen. Lassen Sie Ihren Körper frei, indem Sie Ihre Aufmerksamkeit in Ihre Atembewegung geben, und verweilen Sie eine kleine Zeit dabei. Lassen Sie einfach alles sein, lassen Sie auch alles Verändern-Wollen für eine kleine Zeit sein. Manchmal ist es auch unterstützend, ein oder zwei Mal tiefer und weiter bewusst in Bauch und Brustkorb einzuatmen – das Ausatmen lassen Sie ohne bewusste Steuerung von alleine geschehen.

Jetzt schlage ich Ihnen vor, ein inneres Bild oder die Erinnerung an eine wohltuende, tiefere Naturerfahrung entstehen zu lassen. Stellen Sie sich diese Situation vor und behalten Sie Ihre Aufmerksamkeit im Körper. Lassen Sie die Situation in Ihrer Ganzheit in sich entstehen. Schauen Sie sich um, lassen Sie die Farben und das Besondere in diesem Bild auf sich wirken. Spüren Sie die Luft in sich, nehmen Sie sie mit der Nase auf und spüren Sie den möglichen Wind auf Ihrer Haut. Nehmen Sie Ihre Gefühle und Ihr Empfinden in dieser Situation wahr. Laden Sie diese Erfahrung ein, sich jetzt in Ihrem Körper auszubreiten, und bleiben Sie einfach für einige Atemzüge dabei. Das Gute an dieser Erfahrung lassen Sie jetzt zu einer Perle werden. Bewahren Sie diese Perle an einem guten Ort in Ihrem Körper auf und machen Sie sich bereit, weitere gute Erfahrungen einzusammeln.

Suchen Sie nach einer Begegnung mit einem kleinen Kind: eine Situation, in der ein Kind Sie spontan anlachte und mit strahlenden Augen ansah. Spüren Sie dabei Ihre eigenen Augen und lassen Sie dieses Bild in Ihren Körper strahlen. Vielleicht entsteht jetzt in Ihrem Gesicht ebenfalls ein Lächeln. Atmen Sie diese Situation ein und spüren Sie dabei Ihren Brust- und Bauchraum von innen. Lassen Sie sie wirken, genießen Sie – lassen Sie diese Erfahrung ebenfalls zu einer Perle werden und geben Sie ihr einen für Sie stimmigen Ort in Ihrem Körper.

Suchen Sie jetzt eine Lebenssituation, in der Sie eine wichtige Begegnung hatten. Ein Gespräch mit jemandem, ein Ereignis, dem Sie eine wesentliche Veränderung verdanken. Lassen Sie diese gesamte Situation in sich entstehen: die Atmosphäre, die Gefühle, den Veränderungswunsch, die Kraft, die zu der Veränderung führte. Lassen Sie sich einige Atemzüge Zeit, dies alles sich entfalten zu lassen. Spüren Sie die körperliche Resonanz in sich … und bitten Sie Ihr Inneres, daraus eine weitere Perle zu bilden. Legen Sie diese wertvolle Perle ebenfalls in sich ab.

Für die nächste Perle schlage ich Ihnen eine etwas aufregende erotische Situation in Ihrem Leben vor. Ob es ein Blick war, eine kurze flüchtige Begegnung oder was auch immer – jedenfalls eine Situation, in der Sie sich als Frau, als Mann gespürt haben. Geben Sie sich Zeit, damit diese kleine Geschichte in Ihnen auftauchen kann. Lassen Sie wieder alles in sich erscheinen, was dazugehört: Ihre Gefühle, Impulse, die Energie in Ihrem Körper … Verweilen Sie etwas dabei und schmecken Sie nach. Dabei können Sie Ihren Atem auch sanft zu Ihrem Geschlecht streichen lassen … Nehmen Sie die Erinnerung, das Gefühl, Ihre Energie und lassen Sie daraus die entsprechende Perle entstehen.

Machen Sie einen kleinen Schnelldurchgang durch Ihr Leben und sammeln Sie die glücklichsten Momente in Perlenform ein … Währenddessen kann Ihr Inneres aus dieser Sammlung eine wunderbare Perlenkette machen. Lassen Sie sich Zeit, die Kette zu betrachten, die Farben, den Glanz … und streifen Sie sie über Ihren Kopf … spüren Sie das Gewicht, die Berührung der Perlen … Was ver-

ändert sich beim Tragen dieser Kette? (in Atem, Rücken, Haltung, Stimmung, Gefühlen ...) Atmen Sie diese Erfahrung ein, lassen Sie sie durch alle Körperzellen wirken. Was wird sich ändern, wenn Sie mit dieser Kette in Ihren Alltag gehen? Wie werden Sie gehen, Ihren Kopf halten, auf Ihren Beinen stehen, was geht von Ihrem Blick aus? Ebenso wie in den Kindermärchen können die Gegenstände in Ihrer inneren Welt ebenfalls sprechen. So können Sie die Kette z. B. fragen: „Liebe Kette, was ist jetzt als Nächstes gut zu tun?" Lassen Sie die Frage eine kleine Zeit in Ihrem Körper wirken – und warten Sie, was in Ihnen antwortet: vielleicht ein inneres Bild, vielleicht können Sie etwas innerlich hören oder eine Klarheit steigt auf.

Behalten Sie diese Erfahrung und machen Sie irgendeinen konkreten Handlungsschritt in Ihrer konkreten Lebenswelt. Irgendetwas in der Art von Losziehen und sich eine zur Kette passende neue Garderobe leisten, endlich das Geschirr spülen, jemanden anrufen ... was auch immer.

Kosmisches Bewusstsein

Vielleicht können Sie für kleine Momente ein kosmisches Bewusstsein aushalten. Dazu ist es gut, dass Sie gleich die Füße etwas fester auf den Boden drücken, so, als ob Sie sich verwurzeln würden, und dass Sie dieses Buch ebenfalls mit etwas festerem Griff in der Hand halten. Dann erst sollten Sie sich Folgendes vorstellen: Ihre Füße oder der Stuhl, auf dem Sie sitzen, steht fest auf diesem Planeten. Und mit ihm drehen Sie sich mit etwa 1600 Stundenkilometern in östlicher Richtung um die eigene Achse (was täglich die romantischen Erdabdrehungen, sprich: Sonnenuntergänge erschafft), während Sie gleichzeitig mit ca. 100000 Stundenkilometern einen 150000000 Kilometer entfernten Ball aus loderndem Wasserstoff umkreisen (nach jeder Umkreisung sind Sie ein Jahr älter). Das sind etwa 30 Kilometer pro Sekunde. Das bedeutet, Sie reisen im kommenden Jahr etwa 946 Millionen Kilometer durch den Raum.

Das Sicherste und Einzige, was Sie auf dieser kosmischen Lebensreise dauerhaft begeleiten wird, ist Ihr Körper. Genau der Körper, der gerade hier auf dem Stuhl sitzt, der dieses Buch hält, atmet und dessen Herz schlägt. Dieser Körper ist mit dem großen kosmischen Spiel verbunden, er besteht aus kosmischem Planetenstaub und ist Teil des Universums. Auch wenn Sie selbst nicht so recht wissen, weshalb Sie hier auf diesem Planeten herumtappen: Ihr Körper ist hier zuhause und kennt sich aus. Über die Jahrtausende haben sich die belebten und später die fühlenden Körper weiterentwickelt, Informationen aufgenommen, Überlebensstrategien entwickelt usw. – Auch Ihr Körper trägt dieses Wissen in sich. Auch wenn Sie es nicht spüren können – Sie gehören körperlich zu dem ganzen Spiel dazu. Sie sind zutiefst ein Teil des Ganzen. Unseren Vor-Vorfahren pulsierten diese Weisheiten noch im Blut und sie wussten es auch – wir haben sie vergessen und brauchen ein bestimmtes Tun oder eben Nicht-Tun, um wieder nach Hause zu kommen. Beheimaten ist gespürtes Körperbewusstsein. Noch so viel Denken und Philosophieren wird Sie nicht bei sich, auf der Erde unter Ihren Füßen, ankommen lassen. Falls Sie gerade nicht bei sich sein sollten: Unverbundenheit mit dem eigenen Körper und damit zugleich die Unverbundenheit mit dem Kosmos fühlt sich wie eine Art Heimatlosigkeit gepaart mit einer bestimmten wehmütigen Einsamkeit an, denn Ihr Körper gehört dazu, kennt sich aus, wartet und sehnt sich wahrscheinlich nach dem gespürten Jetzt, genau da, wo Sie im Moment sind.

Dabei sollten Sie Ihre Füße am Boden nicht ganz vergessen. Wahrscheinlich sind Sie eher daran gewöhnt, mit dem Kopf an die Welt heranzugehen und die Lösungen in neuen Ideen und Konzepten zu suchen. Diese Kopfgedanken kreisen sehr leicht immer wieder um die gleichen Inhalte und Gefühle. Sie befinden sich dann in einer Problemtrance und es geschieht nichts, was einen spürbaren, wirklichen Schritt ermöglicht. Aus dieser Trance können Sie aussteigen, indem Sie Ihre Aufmerksamkeit in Ihren Körper geben, Ihren Atem wahrnehmen und den Boden mittels Ihrer Füße wahrnehmen. Das Neue, Frische und Klare kann seine überraschende Magie nur entfalten, wenn Sie ihr Raum lassen. Voraussetzung ist natürlich Ihre Bereitschaft, zumindest für einige Momente die Probleme sein zu lassen und in die Welt zu schauen, ungetrübt von Ihren Lösungsideen, Ihren Vorstellungen und Vorurteilen. Dann wird es Ihnen möglich sein, Ihr ganz persönliches JETZT auch körperlich wahrzunehmen und Luft zu holen. Und über das bewusste Auf-den-Füßen-Stehen und Atmen verbinden Sie sich mit dem Großen und Weiten, auf dem Sie stehen und das Sie umgibt.

Nehmen Sie Ihre Füße am Boden wahr. Lassen Sie den Körper dabei locker und nehmen Sie den Boden mittels Ihrer Füße wahr. Laden Sie Ihr Gewicht auf dem Boden ab und atmen Sie tief-locker durch Mund und Nase aus – das Einatmen kommt dann von ganz alleine. Mit den Augen schauen Sie entspannt ins Weite, ohne etwas Bestimmtes zu fixieren (defokussierter Blick). Dabei können Sie sich eine weite, wunderbare Landschaft vorstellen. Es kann auch der ganze nächtliche Sternenhimmel sein oder das Meer, … wie es Ihnen gerade entspricht.

Wiederholung: Ihre Achtsamkeit ist in den Füßen, am Boden, Ihre Augen schauen offen in Ihre weite Visualisierung, Sie atmen dabei durch Mund und Nase aus. In dieser Haltung können Sie alles ausatmen, was Sie gerade belastet. Atmen Sie in die Weite aus – atmen Sie aus zum Großen-und-Ganzen, zum Großen „Du“, zum Kosmos … Kehren Sie nach jeder inneren und äußeren Ablenkung wieder zu den Füßen und Augen zurück: Visualisierung, Ausatmen – Loslassen, zurück… Erlauben Sie sich, sich wohl zu fühlen, zu genießen.

Lassen Sie dies eine Erfahrung werden, diese Gleichzeitigkeit von

Füßen – … Blick … Ausatmen …Kosmos oder Du (wie es Ihnen entspricht).

Bemerken Sie dabei ganz still und heimlich, was sich in Ihnen verändert – im Körper, in Ihrem inneren Erlebensraum, welche Gedanken jetzt kommen … Bevor Sie diese Übung nach 30 Sekunden oder auch 15 Minuten beenden, fragen Sie sich in Ihren Bauch: „Was wäre jetzt gut zu tun?“, „Wonach ist mir jetzt zumute?“ Warten Sie noch einige Momente: Möglicherweise steigt von innen eine Ahnung oder eine Idee auf. Machen Sie einen kleinen Schritt zu dem hin, was jetzt im Moment für Sie gut und jetzt unmittelbar auch machbar ist.

Während Sie durch den unendlichen Raum reisen, sind Sie Ihrem eigenen Lebens-Kunstwerk einen kleinen Schritt näher gekommen.

Glücksmomente als Sparbuch

Während dieses Buch entsteht und ich mich frage, wie Sie, liebe Leserin, lieber Leser, sich wohl gerade fühlen mögen, welche Fragen Sie bewegen und was Ihre Vorstellungen für Ihr Leben in der nächsten Zeit sein könnten, beruhigt mich die Gewissheit, dass, welche Gefühle bei Ihnen auch immer im Vordergrund stehen mögen, ob sie traurig sind, fröhlich, resigniert, zufrieden, unter Druck, ausgeglichen, suchend, Sie jedenfalls auch schon wunderbare Augenblicke erlebt haben. Sie haben bestimmt schon mindestens einen Sonnenuntergang bestaunt, waren glücklich über ein Geschenk, haben sich – wenn auch nur für kurze Momente – in Ihrem Körper wohl und zu Hause gefühlt. Auch wenn diese „Glücksmomente“ im Augenblick nicht zu Ihrer momentanen Verfassung passen mögen, so sind diese Erfahrungen, wie weit entfernt sie auch immer sein mögen, Ihr Guthaben, Ihr Sparkonto im Hintergrund, das Sie vielleicht ganz vergessen haben. So ähnlich wie ein Freund damals in unserer Wohngemeinschaft, der einen monatlichen Dauerauftrag aufs Sparbuch eingerichtet hatte und dieses erst nach Jahren gut gefüllt wieder entdeckte. Vor Freude lud er uns alle fürstlich zum Essengehen ein. Wir waren erstaunt, wie er so etwas Bedeutsames vergessen konnte. Er wurde mir zum Symbol dafür, wie leicht wir Menschen, vielleicht auch Sie, unser inneres Guthaben an Glücksmomenten vergessen und uns arm, bedürftig, erfolglos und ungeliebt vorkommen.

Am besten atmen Sie jetzt gleich tief durch und erinnern sich daran, welche nährenden Erfahrungen sich in Ihnen angesammelt haben. Verweilen Sie ruhig einen kurzen Moment bei Ihren Lebensschätzen und lassen Ihren Atem darüber streichen. Und erfreuen Sie sich Ihres Guthabens.

Anhang

Wollen Sie mehr über Focusing erfahren?

Auf unserer Website

www.focusing-daf.de

finden Sie interessante Texte zum Herunterladen und auch Seminartermine. Im Internet-Forum können Sie Ihre Fragen stellen und diskutieren.

„DAF" steht für
„Deutsches Ausbildungsinstitut für Focusing und Focusing-Therapie"
Leitung: Dr. Johannes Wiltschko und Klaus Renn
Ludwigstr. 8A
97070 Würzburg
Tel.: 0931 416283
E-Mail: info@focusing-daf.de

Im DAF arbeiten wir an der Weiterentwicklung des personzentrierten Ansatzes von Carl Rogers und Gene Gendlin. Wir stehen im Dialog und Austausch mit aktuellen systemischen, meditativen und anderen gegenwärtig bedeutsamen Ansätzen der Veränderung. Im DAF sind 20 KollegInnen in Deutschland, Österreich und der Schweiz zusammengeschlossen. Wir sind persönlich und fachlich verbunden mit Gene Gendlin und dem weltweiten Netzwerk des Focusing-Institutes New York.

Die Seminare des DAF richten sich an Menschen, die Focusing für sich selbst und für partnerschaftliches Arbeiten erlernen möchten, darüber hinaus auch an KollegInnen, die im sozialen, pädagogischen, medizinischen, spirituellen, therapeutischen Bereich beruflich tätig sind.

Sie können von Focusing erwarten, dass Sie selbst (und Ihre KlientInnen) frische, wesentliche Entwicklungsschritte machen werden. Focusing und Focusing-Therapie eignen sich gut als beraterische/therapeutische Zweit- bzw. Zusatzausbildung. Von den Psychotherapeutenkammern werden die meisten Seminare als Fortbildung anerkannt.

Die Zeitschrift *Focusing-Journal* erscheint jährlich zweimal.

Eine Hörbuchausgabe des vorliegenden Buches sowie weitere Hörbücher zum Thema „Focusing“ können Sie bestellen bei www.secret-friend.de.

Dankeschön!

Dieses Buch wäre nie entstanden, hätte nicht ... und hier beginnt die Reihe bei meinen Eltern, über Friedhelm Köhne bis hin zu Ramona Robben: Hätte sie nicht meinen Namen an Dr. Rudolf Walter vom Verlag Herder weitergegeben, hätte er mich nicht ausdrücklich animiert, dieses Buch zu schreiben. Judith Mark betreute das Buchprojekt von den ersten Skizzen bis zum Ende auf wunderbar ermutigende und einfühlende Weise.

Auch hätte ich nicht schreiben können ohne die unterstützende Geduld meiner Familie. Öfters blieb die Spülmaschine unausgeräumt, die Getränke beim Getränkemarkt und das Mittagessen zu lange auf dem Herd. Silvia Bickel-Renn, meine Frau, las immer zuerst die neu entstanden Seiten und gab mir geduldig-kritisch-aufbauende Rückmeldungen. Für mich ist nicht nur spannend, mit ihr zu leben, sondern es macht auch Spaß, mit ihr als Familientherapeutin und Systemikerin Konzepte zu reflektieren.

Ohne das (bisherige) Lebenswerk meines Freundes und Kollegen Dr. Johannes Wiltschko gäbe es Focusing in der hier beschriebenen Form gar nicht. In vielen spannenden Stunden haben wir die Philosophie des Focusing diskutiert und in didaktische Einheiten für Seminare übersetzt. In der Leitung des Deutschen Ausbildungsinstitutes für Focusing und Focusing-Therapie haben wir so manche schwierige Situation gemeinsam durchgestanden. Auch wenn ich dieses Buch geschrieben habe – der Stoff dazu ist über die Jahre unserer Freundschaft und Zusammenarbeit erwachsen.

Prof. Dr. Hajo Petsch hat mir durch sein „Du kannst das!“ und seine spontane Bereitschaft, mich zu unterstützen, Mut und Rückhalt gegeben.

Meine Focusing-KollegInnen im DAF stehen für den „familiären“ und fachlichen Kontext, der Focusing erst zum Leben bringt und zu dem macht, was es ist.

Viele einzelne Menschen, mit denen ich mich verbunden fühle, haben mir in Seminaren und Einzelsitzungen Einblick in ihr Leben gegeben. Ihr Vertrauen ist wohl das größte Geschenk, das mir erst ermöglicht hat, über innere und äußere Veränderungsprozesse nachzudenken, Konzepte zu bauen und diese in vorläufiger Weise zu formulieren.

Die Fragen von KollegInnen in den Ausbildungsseminaren eröffneten mir neue Räume des Noch-nicht-Gewussten und forderten mich heraus, das, was ich bisher verstanden habe, irgendwie in Worte zu fassen.

Thai-Boxtrainer Viktor Köhl sorgte in der ganzen Zeit für meine körperliche und kämpferische Fitness, meine Focusing-Partnerin, Dr. Birke Mersmann, für mein inneres Gleichgewicht, mein Freund Dr. Stephan Hagen brachte mir Studentenfutter und Obst vorbei. Ich weiß und fühle mich von vielen unerwähnten Freundinnen und Freunden in diesem Buchprojekt unterstützt und mitgetragen.

Habt alle ein dickes Dankeschön!

Literatur

Weiterführende Literatur zu Focusing

Cornell, A. W. (1997). Focusing – der Stimme des Körpers folgen. Reinbek: Rowohlt

Gendlin, E. T. (1987). Dein Körper – Dein Traumdeuter. Salzburg: Otto Müller

Gendlin, E. T. (1998). Focusing. Selbsthilfe bei der Lösung persönlicher Probleme. Reinbek: Rowohlt

Gendlin, E. T.; Wiltschko, J. (1999). Focusing in der Praxis. Eine schulenübergreifende Methode für Psychotherapie und Alltag. Stuttgart: Pfeiffer bei Klett-Cotta

Kersig, S. (2009): Entspannt und klar. Freiraum finden bei Stress und Belastung. München: Goldmann

Renn, K. (1998). Über das Träumen. Focusing-Journal 1 und 2. Download: www.focusing-daf.de

Ringwelski, B. (2003). Focusing – Ein integrativer Weg der Psychosomatik. Stuttgart: Pfeiffer bei Klett-Cotta

Wild-Missong, A. (1993). Mit Focusing Leben. Focusing und Selbstentfaltung, Feminismus, Spiritualität u. a. Würzburg: DAF

Wiltschko, J. (1991). Anfänger-Geist. Hinführungen zur Focusing-Therapie I. Würzburg: DAF

Wiltschko, J. (1992). Von der Sprache zum Körper. Hinführung zur Focusing-Therapie II. Würzburg: DAF

Quellenangaben zum Buch

Barfußdoktor (2001). Handbuch für den gewitzten Stadtkrieger. Reinbek: Rowohlt

Bauer, J. (2004). Gedächtnis des Körpers. München: Piper

Bermes, C. (1998). Maurice Merleau-Ponty. Hamburg: Junius

Buch der Kontemplation genannt Wolke des Nichtwissens und

Brief persönlicher Führung ([2]2003). Neu übertragen u. hrsg. v. Willi Massa. Freiburg/Basel/Wien: Herder

Carroll, L. (1978). Alice im Wunderland. Frankfurt: Suhrkamp

Clement, U. (2005). Systemische Sexualtherapie. In: Zeitschrift des Bundesverbandes der Ehe-, Familien-, Lebensberaterinnen. Heft April 2005

Dilthey, W. (1992). Gesammelte Schriften, Band VII. Göttingen: Vandenhoeck & Ruprecht

Ebert, A.; Küstenmacher M. (1999). Erfahrungen mit dem Enneagramm. München: Claudius

Fischer, H. u. a. (1992). Das Ende der großen Entwürfe. Frankfurt: Suhrkamp

Fuchs, P. (2001). Das Weltbildhaus und die Siebensachen der Moderne. Konstanz: UVK Verlag

Gendlin, E. T. (1993). Focusing ist eine Tür. Würzburg: DAF

Gendlin, E. T. (1994). Körperbezogenes Philosophieren. Würzburg: DAF

Gendlin, E. T. (1997). Focusing-orientierte Psychotherapie. Stuttgart: Pfeiffer bei Klett-Cotta

Gendlin, E. T. (1997). Conference on After Postmodernism. Universität Chicago. Download: www.focusing.org

James, W. (1994). Was ist Pragmatismus? Weinheim: Beltz

James, W. (1994). Das Pluralistische Universum. Darmstadt: Wiss. Buchgesellschaft

James, W. (1997). Die Vielfalt religiöser Erfahrung. Frankfurt: Insel

Klotz H. (1994). Kunst im 20. Jahrhundert. Moderne, Postmoderne. München: Beck

Köhl, V. Kampfkunstmeister verschiedener Disziplinen. www.dragon gym.de

Köhne, F.; Wiltschko, J. (1986). Focusing: Des Körpers eigene Psychotherapie – ein Weg zur Autonomie bei der Lösung persönlicher Probleme. Garmisch-Partenkirchen: Mediateam Psychologie

Merleau-Ponty, M. (1966). Phänomenologie der Wahrnehmung. Berlin: de Gruyter

Norrestranders, T. (1994). Spüre die Welt. Die Wissenschaft des Bewusstseins. Reinbek: Rowohlt

Ouspensky, P. D.,(1999). Auf der Suche nach dem Wunderbaren. Bern: Scherz

Renn, K. (1999). Strukturgebundene Phänomene. Focusing-Journal 3. Download: www.focusing-daf.de

Servan-Schreiber, D. (2005[11]). Die neue Medizin der Emotionen. München: Verlag A. Kunstmann

Stumm, G.; Wiltschko, J.; Keil, W.W. (2003). Grundbegriffe der Personzentrierten und Focusing-orientierten Psychotherapie und Beratung. Stuttgart: Pfeiffer bei Klett-Cotta

Suzuki, D.(1982). Leben aus Zen. Frankfurt: Suhrkamp

Tart, C.T. (1996). Die innere Kunst der Achtsamkeit. Freiamt: Arbor Verlag

Tschuang-Tse (1981). Reden und Gleichnisse des Tschuang-Tse. Frankfurt: Insel

Waldenfels, B. (2000). Das leibliche Selbst. Vorlesungen zur Phänomenologie des Leibes. Frankfurt: Suhrkamp

Walter, R. (Hg.) (2005). Mit einem weiten Herzen. Haltungen, die gut tun. Freiburg: Herder

Wilber, K.; Welwood, J. u. a. (1986). Das holographische Weltbild. Bern: Scherz

Wiltschko, J. (1995). Focusing-Therapie. Würzburg: DAF

Wiltschko, J. (1999). Focusing als Fahrzeug des Denkens. Focusing Journal 3. Würzburg: DAF. Download: www.focusing-daf.de

Wiltschko, J. (2002). Focusing und Focusing-Therapie. In: Keil, W. W.; Stumm, G. (Hg.). Die vielen Gesichter der personzentrierten Psychotherapie. Wien/New York: Springer

Wiltschko, J.; Renn, K. (1998). Wie es mit Focusing in Deutschland angefangen hat. Download: www.focusing-daf.de

Watts, A. (1981). Psychotherapie und östliche Wege der Befreiung. München: Kösel

Thich Nhat Han (1975). Das Wunder der Achtsamkeit. Durach: Theseus

Zink, J. (2005). Was bleibt, stiften die Liebenden. Stuttgart: Kreuz Verlag